LUDWIG VON MISES

VIE • ŒUVRES • CONCEPTS

Les grands théoriciens

Sciences humaines

Collection dirigée par Alain BRUNO

[LUDWIG VON MISES

VIE • ŒUVRES • CONCEPTS]

Robert Leroux

ellipses

Dans la collection *Les grands théoriciens*

Raymond Boudon, par Claude Vautier
Pierre Bourdieu, 2e édition, par Patrice Bonnewitz
Norbert Elias, par David Ledent
Milton Friedman, par Gérard Cormier
Friedrich Hayek, par Christian Elleboode et Hubert Houliez
Maurice Halbwachs, par Gilles Montigny
Henri Lefebvre, par Sandrine Deulceux et Remi Hess
Karl Marx, par Christian Elleboode
Ludwig von Mises, par Robert Leroux
John Rawls, par Cyrille Rouge-Pullon
David Ricardo, par Arnaud Combet-Nibourel
Joseph Schumpeter, par Alexis Karklins-Marchay
Amartya Sen, par Armand Denis Schor
Georg Simmel, par Alain Bruno et Jean-Jacques Guinchard
Adam Smith, par Alain Bruno
Joseph Stiglitz, par Armand Denis Schor
Alexis de Tocqueville, par Christian Dubois
Alain Touraine, par Jean-Paul Lebel
Max Weber, par Jean-Jacques Guinchard

ISBN 978-2-7298-5230-6

32, rue Bargue 75740 Paris cedex 15

www.editions-ellipses.fr

À mes parents

Introduction

Il est assez étonnant de constater au premier abord que la plupart des écrits de Ludwig von Mises n'ont pas encore été traduits en langue française, et que plusieurs de ceux qui l'ont été sont depuis longtemps épuisés[1]. Ainsi son premier grand livre en 1912 sur la théorie de la monnaie et du crédit, en dépit des vues nouvelles qu'il apporte, demeure superbement méconnu à la fois du public français et des historiens de la science économique[2]. Mais l'étonnement s'accroît si l'on considère que son *magnum opus*, *Human Action*, dont la version originale a été publiée en langue anglaise en 1949, ne fut l'objet d'une traduction française qu'en 1985. Cet ouvrage, qui synthétise un ambitieux programme théorique et qui rappelle par le fait même l'actualité des thèses de l'école autrichienne, aurait pourtant mérité un accueil plus chaleureux. Du reste, Pascal Salin faisait remarquer en 1983 que les travaux de Ludwig von Mises étaient

1. Deux des plus importants livres de Mises, *Le Socialisme* et *L'Action humaine*, sont en effet difficiles à trouver. La dernière édition du *Socialisme* remonte à 1952, alors que celle de *L'Action humaine* date de 1985 ; elle a cependant été rééditée depuis en version abrégée (Les Belles Lettres, 2004). Il faut toutefois signaler l'initiative des Éditions Charles Coquelin qui viennent de rééditer et de traduire quelques ouvrages de Mises : *La Bureaucratie* (2003), *Politique économique* (2006), *Les Problèmes fondamentaux de l'économie politique* (2006), *Le Libéralisme* (2006).

2. Ainsi, pour ne prendre que ces exemples, Raymond Barre (1955) et Henri Denis (1966), auteurs de deux importants manuels d'histoire de la pensée économique, se contentent dans leur ouvrage respectif de mentionner le nom de Mises sans discuter de sa réelle contribution.

« mal connus en France[1] ». Un quart de siècle plus tard, les choses ont assez peu changé. Aucune monographie de langue française n'a d'ailleurs encore été entièrement consacrée à l'œuvre de Mises. À la différence de Friedrich A. Hayek, qui paraît nettement mieux installé sur le marché des idées en France, Mises, en dehors d'une poignée de spécialistes, n'est souvent connu que de manière superficielle.

Les raisons de cette indifférence tiennent peut-être à l'architecture même de l'œuvre. Il faut dire que la pensée de Mises, même si elle est écrite dans une prose relativement simple, est d'une grande complexité, au point où elle paraît parfois sinueuse et abstraite. Hayek disait assez étonnement à ce sujet que les arguments de Mises n'étaient pas toujours faciles à saisir.

Non conformiste, il arrive parfois à Mises d'être ironique, et, à l'occasion, de provoquer la polémique, dans la mesure où il n'hésite pas à pousser les idées, les siennes et celles des autres, jusqu'à leurs dernières conséquences. Mises n'a rien, il est vrai, d'un chercheur de popularité. À le lire, on voit tout de suite qu'il vit dans la compagnie d'auteurs étrangers à son époque. Quand il combat le socialisme, c'est à Karl Marx qu'il réserve ses attaques les plus féroces ; quand il repousse le positivisme, c'est à Auguste Comte qu'il adresse ses reproches les plus sérieux.

La vie de Mises se déroule essentiellement dans un siècle, le XXe, qui a été semble-t-il peu favorable à son dessein et à ses idées. Lui qui chérissait tant la liberté a été bien malgré lui le témoin privilégié du grossissement exponentiel de la taille de l'État, de la montée du

1. P. Salin, « Préface », *in* Ludwig von Mises, *Politique économique : réflexions pour aujourd'hui et pour demain*, Paris, Éditions de l'Institut économique de Paris, 1983, p. vii.

totalitarisme, autant de gauche que de droite, lui qui avait horreur du bruit, du bruit des armes surtout, a dû assister au spectacle de deux grandes guerres. Sa très longue vie, qui s'étend sur 92 ans, donne l'impression d'éternité. Figure centrale de l'école autrichienne, à la fois au sens chronologique et intellectuel, Mises a pris le relais des mains de Carl Menger et de Böhm-Bawerk pour le donner ensuite à Friedrich A. Hayek puis à Murray N. Rothbard. Il est d'ailleurs important de souligner que c'est maintenant aux États-Unis, et non en Autriche où il n'y a pas aujourd'hui pour ainsi dire d'économistes autrichiens au sens de Menger et de ses successeurs, que la pensée de Mises trouve le plus d'écho favorable.

La « science de l'action humaine » que Mises a patiemment édifiée au cours de longues années de recherche et de méditation se déploie à travers une vingtaine de livres et plus de deux cents articles, dont il est évidemment impossible de rendre compte dans le cadre du présent travail.

Mises a donc beaucoup écrit. Mais, et cela ne pouvait en être autrement, il s'est aussi beaucoup répété, parfois inlassablement ; à travers de nombreux articles et de recueils, dont plusieurs ont été publiés à titre posthume, il se reprend, se corrige, affine son propos. Si l'on veut donc suivre le cheminement de son œuvre, il faut se tourner vers les textes les plus importants et les plus représentatifs de son programme de recherche. Une telle démarche, il importe de le répéter, ne peut donc prétendre à l'exhaustivité[1].

1. Le lecteur pourra toutefois consulter avec profit l'imposante biographie intellectuelle de plus de 1 100 pages que J. G. Hülsmann a récemment consacrée à notre auteur (*Mises: The Last Knight of Liberalism*, Auburn, Ala., Mises Institute, 2007).

Chapitre I

[Biographie essentielle de Ludwig von Mises]

Ludwig von Mises n'est pas de ces auteurs discrets qui souhaitent s'effacer devant leur objet d'étude. Il en va tout autrement. En filigrane de ses imposants traités, qui dégagent d'emblée une apparente froideur, on sent aisément ses inquiétudes, ses désillusions, ses espoirs et ses passions. Nul n'aura été plus attentif au drame du XXe siècle, qui a été le cadre de sa pensée et de ses écrits. La montée du bolchevisme, la crise économique, les deux grandes guerres, pour ne citer que ces événements, tissent non seulement la toile de fond de sa réflexion, mais ils ne cessent de nourrir le modèle théorique qu'il a patiemment développé sur plus de six décennies.

I. LES ANNÉES DE FORMATION

Ludwig Heinrich Elder von Mises est né le 29 septembre 1881 à Lemberg en Galicie orientale (aujourd'hui Lviv en Ukraine), qui est alors intégrée à l'Empire austro-hongrois. Issu d'une famille juive appartenant à la bourgeoisie, il grandit dans un milieu marqué par le culte de la réussite. Son père, Arthur von Mises, qui était ingénieur pour le ministère des Chemins de fer, meurt prématurément alors que Ludwig est encore étudiant à l'université. Sa mère, Adele Landau, doit donc s'occuper seule de ses deux frères cadets : Karl, qui est emporté par la scarlatine alors qu'il est encore enfant, et Richard, appelé à devenir un important scientifique[1].

De son côté, Ludwig, bien malgré lui, choisit un chemin qui sera parsemé d'innombrables embûches et marqué par l'incertitude et les tâtonnements. Lorsqu'il s'inscrit en droit à la prestigieuse université de Vienne au tournant du XXe siècle, rien ne laisse croire alors qu'il deviendra l'un des plus importants économistes de son époque.

Le chemin qui mène Mises à la science économique est particulièrement sinueux. Il est tout d'abord séduit par les séminaires de Carl Grünberg, disciple de l'économiste allemand Georg Friedrich Knapp (1842-1926) et important représentant de l'école historique. « Autour de 1900, se rappelle Mises, l'historicisme était à son apogée. La méthode historique était vue comme la seule méthode pour les sciences de l'action humaine[2]. » Sous la direction de Grünberg, le jeune Mises entreprend en 1901 une étude sur la libération des paysans gallicans de 1772 à 1848. L'étude fait alors une solide impression auprès de ses professeurs, si bien qu'elle sera publiée dans la *Wiener staatswissenschaftliche* de 1902[3]. Une belle carrière s'ouvre donc devant Mises, qui se définit lui-même à cette époque comme

1. Ingénieur, statisticien et théoricien des probabilités, Richard von Mises (1883-1953) a mené une brillante carrière, d'abord à l'université de Strasbourg et à l'université d'Istanbul, puis à l'université Harvard à partir de 1944.
2. L. von Mises, *Notes and Recollections*, Spring Mills, Penn., Libertarian Press, 1978, p. 2.
3. Cf. J. G. Hülsmann, *Ludwig von Mises: The Last Knight of Liberalism*, Auburn, Ala., Mises Institute, 2007, p. 67.

un libéral de gauche. À sa troisième année d'université, il travaille avec un proche de Max Weber, l'économiste Eugen von Philippovich (1858-1917)[1]. Mais, avant d'aller plus loin dans son cursus universitaire, Mises doit d'abord faire son service militaire. De 1902 à 1903, il se consacre donc entièrement à cette obligation. Dans les mois qui suivent, il va commencer à remettre en question certaines certitudes de jeunesse qu'il avait acquises lors de ses premières années à l'université. Évoquant ses années de formation, plusieurs années plus tard, il écrit : « Quand je suis entré à l'université, j'étais, moi aussi, complètement étatiste (interventionniste). Mais, à l'opposé de mes camarades de classe, j'étais clairement anti-marxiste[2]. »

L'année 1903 est déterminante dans le cheminement de Mises, dans la mesure où c'est à la fin de cette année précisément que sa croyance en l'étatisme commence à se fragiliser. La lecture des *Grundstätze des Volkswirtschaftslehre* (*Principes de science économique*, 1871) de Carl Menger, qui lui avait été sans doute conseillée par Friedrich von Wieser, y contribue pour une bonne part. Plus tard, Mises n'hésitera pas, du reste, à déclarer : « c'est ce livre qui a fait de moi un économiste[3] ». Un tel aveu ne saurait être pris à la légère ; un premier pas important venait d'être franchi dans le développement intellectuel de Mises.

À l'été 1905, Mises s'inscrit au séminaire d'Eugen von Böhm-Bawerk qui va exercer une influence décisive sur le développement de sa pensée. Quand Böhm-Bawerk a inauguré son séminaire ce fut,

1. Sur les séminaires de Philippovich, voir J. G. Hülsmann, *op. cit.* p. 77-86.
2. L. von Mises, *Notes and Recollections*, *op. cit.*, p. 16.
3. *Ibid.*, p. 33.

se rappelle Mises, « un grand jour dans l'histoire de l'université de Vienne et de la science économique[1] ». En 1906, Mises obtient un doctorat en droit ; la science économique n'ayant pas encore d'autonomie institutionnelle. Bien qu'il soit encore influencé par l'école historique allemande, Mises commence de plus en plus à rejeter les principes méthodologiques et idéologiques de ses principaux représentants[2]. Mais vers 1910, alors qu'il fait finalement la rencontre de Carl Menger, qui est déjà passablement âgé, Mises restera par la suite « un mengérien pour le reste de sa vie[3] ».

Dans ses *Principes*, Menger fait la promotion de ce qu'il appelle la « méthode empirique », qui a peu à voir avec ce que les praticiens des sciences de la nature appellent la « méthode expérimentale ». Il s'agit plutôt, au sens moderne du terme, d'une méthode hypothético-déductive qui s'appuie sur le principe que toute investigation scientifique doit d'abord expliquer les « petits faits » afin de permettre par la suite d'en extraire une théorie générale. Les faits macroéconomiques, dans cette perspective, sont perçus comme le résultat d'une multitude de faits microéconomiques juxtaposés les uns aux autres. Autrement dit, Menger invite la communauté des économistes à expliquer le complexe par le simple. La leçon est bien assimilée par Mises, et il va la mettre en pratique, tout en la nuançant sans cesse, dans ses travaux et dans son enseignement.

1. L. von Mises, *Notes and Recollections*, *op. cit.*, p. 39.
2. Cf. I. Kirzner, *Ludwig von Mises: The Man and his Economics*, Wilmington, Del., ISI Books, 2001, p. 3.
3. J. G. Hülsmann, *op. cit.*, p. 127.

II. L'ÉCOLE AUTRICHIENNE D'ÉCONOMIE

Ludwig von Mises rappelle dans son récit autobiographique que l'originalité et la fécondité de l'école autrichienne tiennent dans son programme théorique, centré essentiellement sur l'action humaine[1]. La contribution de Carl Menger puis d'Eugen von Böhm-Bawerk permet d'en prendre toute la mesure[2].

Carl Menger

Mises a lui-même beaucoup réfléchi et écrit sur l'école autrichienne[3]. L'acte de fondation de l'école autrichienne d'économie est pour ainsi dire fixé par la publication des fameux *Principes* de Carl Menger en 1871[4].

1. L. von Mises, *Notes and Recollections*, *op. cit.*, p. 36.
2. Friedrich von Wieser (1851-1926) est, avec Böhm-Bawerk, l'autre figure importante de la deuxième génération d'économistes autrichiens. Mais son influence sur Mises est relativement peu importante. Son propre témoignage suffit du reste à l'indiquer : « Le successeur de Menger à l'université était Friedrich von Wieser. Il était un homme hautement cultivé, il avait un esprit raffiné, et était un honnête savant [...] Mais il n'était pas un penseur original et, en général, il était plus nuisible qu'utile. Il n'a jamais vraiment compris l'essentiel de l'idée de subjectivisme telle qu'articulée dans l'école de pensée autrichienne, ce qui lui a fait commettre plusieurs erreurs regrettables. Sa théorie de l'imputation est insoutenable. Ses idées sur le calcul de la valeur justifient sa place en tant que membre de l'école autrichienne, mais elles en font surtout un membre de l'école de Lausanne qui était alors représentée brillamment en Autriche par Rudolf Auspitz et Richard Lieben » (L. von Mises, *Notes and Recollections*, *op. cit.*, p. 35-36).
3. Voir L. von Mises, *The Historical Setting of the Austrian Economics*, Mises Institute, Auburn Ala., 2007 (1re éd. 1969).
4. « Quand je suis arrivé à l'université, écrit Mises, Carl Menger était sur le point de terminer sa carrière de professeur. L'idée selon laquelle il existait une école autrichienne d'économie était difficilement admise à l'université, et moi-même à cette époque je ne m'y intéressais pas du tout » (L. von Mises, *Notes and Recollections*, *op. cit.*, p. 33).

L'ouvrage est majeur, et est à juste titre considéré comme l'un des plus importants de la science économique de la seconde moitié du XIXe siècle. Menger y développe non seulement le concept d'utilité marginale[1], mais il critique dans cette foulée la théorie de la valeur de David Ricardo (1772-1823). De fait, Menger remet en question les fondements mêmes de l'économie classique. La valeur d'un bien matériel, explique-t-il, ne peut se définir objectivement, c'est-à-dire, comme le font les économistes classiques, à partir de la quantité de travail que nécessite sa production. Menger soutient au contraire qu'un bien a une valeur subjective, qui relève de l'appréciation et de l'évaluation qu'en font les acteurs économiques. Il ne peut donc y avoir de valeur objective à proprement parler ; toute valeur étant relative à la subjectivité des individus.

Pour Menger, la valeur d'un bien matériel dépend du principe d'utilité. En fait, un bien matériel a de la valeur seulement s'il est susceptible de satisfaire les besoins des individus. On a maintes fois souligné à ce sujet que la théorie de Menger permettait de résoudre ce qu'on appelle le « paradoxe de l'eau et du diamant » (*the diamond-water paradox*). Certes, un diamant a généralement une haute valeur sur le marché, contrairement à l'eau qui est gratuite[2] ; mais, pour satisfaire ses propres besoins, l'homme a davantage besoin d'eau qui est nécessaire à la vie que de diamants qui sont des objets de luxe, sans aucune utilité pratique. En réduisant la valeur à ses coûts

1. William Stanley Jevons (1835-1882) et Léon Walras (1834-1910) développent aussi ce concept au même moment, mais de manière indépendante.
2. Cf. B. Caldwell, *Hayek's Challenge*, Chicago, University of Chicago Press, 2004, p. 27 ; J. Buchanan, « The Domain of Subjective Economics: Between Predictive Science and Moral Philosophy », *in* I. Kirzner, *Method, Process, and Austrian Economics*, Massachusetts, Toronto, Lexington Books, 1983, p. 7-20.

de production ou encore à sa relation avec le travail, l'économie classique, aux yeux de Menger, ne pouvait donc que produire des explications menant à une impasse.

Chez Menger, la subjectivité des agents économiques est donc entièrement déduite, dans la mesure où les raisons et les motivations sont placées au centre de l'action humaine. Dès lors, le but de la science économique est pour ainsi dire d'étudier objectivement la subjectivité des individus.

Cette conception de la science, Menger va la confronter quelques années plus tard, dans une querelle méthodologique restée célèbre (*Methodenstreit*), avec celle de Gustave von Schmoller (1838-1917), le principal représentant de l'école historique allemande[1]. La querelle débute avec la publication de l'ouvrage de Menger, *Investigations into the Method of Social Sciences*, dans lequel il soutient que les phénomènes sociaux peuvent et doivent être abordés théoriquement. « L'objectif des sciences théoriques est de comprendre le monde réel, de le connaître au-delà de l'expérience immédiate[2]. » L'observation ne devient pas, dans cette perspective, le corollaire essentiel de la théorie.

Menger commence par délimiter trois sphères d'analyses inhérentes à la science économique. La première catégorie est l'étude du concret, c'est-à-dire les faits individuels économiques ; la seconde est théorique : elle examine les phénomènes économiques dans leur plus

1. Voir à ce sujet S. Bostaph, « The Methodological Debate between Carl Menger and the German Historicists », *in* E. W. Younkins, *Philosophers of Capitalism: Menger, Rand, Mises, and Beyond*, Lanham, Md., Leington Books, 2005, p. 113-131.
2. C. Menger, *Investigations into the Method of the Social Science*, Grove City, PA, 1996 (1re éd. 1893), p. 24.

grande généralité ; la troisième est pratique ; elle porte sur l'étude de la technologie de l'économie (comme les finances publiques, les politiques économiques). Menger veut surtout donner une légitimité à la deuxième sphère, c'est-à-dire l'aspect théorique de l'économie. Fort de ce principe, il va dès lors s'opposer vivement à l'école historique. Mises dira plus tard que l'enjeu était alors de savoir si une science de l'action humaine existait et si elle pouvait reposer sur d'autres bases que celles qu'offrait la matière historique[1].

Menger repousse avec fermeté les « concepts collectifs » véhiculés par l'école historique allemande, et rappelle que la science doit traiter, selon le vieux précepte aristotélicien, non pas de faits singuliers, contingents — localisés dans le temps et dans l'espace —, mais que du général, c'est-à-dire de phénomènes à partir desquels on peut dégager des lois[2]. Menger défend de ce fait une méthode atomistique, que l'on appellera plus tard l'« individualisme méthodologique ». Cette méthode, qui est parfaitement réaliste et qui est centrée sur le principe d'intentionnalité, est renvoyée dos-à-dos avec, notamment, les théories organicistes et collectivistes de l'époque. Menger, et cette idée est primordiale, montre ainsi que l'unité méthodologique entre les sciences sociales et les sciences de la nature n'est qu'un leurre.

1. L. von Mises, *The Historical Setting of the Austrian School of Economics*, Auburn, Ala., Mises Institute, 2007 (1re éd. 1969), p. 31.
2. G. Campagnolo, *Carl Menger, entre Aristote et Hayek*, Paris, CNRS Éditions, 2008, p. 123-127.

■ Eugen von Böhm-Bawerk

Le procès de l'historicisme étant fait, il reste à montrer les insuffisances et les limites d'une multitude d'autres perspectives théoriques qui ne prennent pas en considération la subjectivité des agents économiques. Le plus important disciple de Menger, Eugen von Böhm-Bawerk (1851-1914), va s'en charger avec brio.

Pour lui, comme il le remarque au tournant du XXe siècle, il n'existe que deux écoles en science économique : l'école socialiste et l'école néo-classique. La première nie la liberté et insiste sur l'idée que l'homme a besoin de l'État pour planifier sa vie ; l'autre développe une vision renouvelée de la liberté et fait la promotion de la prospérité. Ces deux visions du monde sont diamétralement opposées, et évidemment irréconciliables. Mais c'est la différence entre l'école classique et néo-classique qui intéresse Böhm-Bawerk. L'économie classique mettait l'accent sur les relations d'individu à individu. La relation entre les individus et les objets ne l'intéressait guère. Pour l'économie néo-classique, cette relation, qui est au centre du concept d'utilité marginale, est au contraire fondamentale et beaucoup plus complexe que certains ont pu le penser[1].

Si, par ailleurs, Böhm-Bawerk se montre indulgent face aux limites de l'économie classique qui sont, dit-il, pour une bonne part attribuables au fait que cette discipline n'en était « qu'au stade de l'enfance », sa critique du marxisme, qui n'a pas vieilli, est quant à elle sans compromis.

1. E. von Böhm-Bawerk, « The Austrian Economists », in *Shorter Classics*, Grove City, Penn., Libertarian Press, 1962, p. 3-4.

Mais la plus grande contribution de Böhm-Bawerk demeure sa théorie de l'intérêt. Durant les années 1880, il publie les trois tomes de son ouvrage majeur *Kapital und Kapitalzins* (*Capital et intérêt*). Le premier tome est une critique des théories des doctrines qui traitent de l'intérêt. Après avoir examiné une multitude de perspectives théoriques (dont celles de Turgot, Quesnay, Smith, Ricardo, Say, Rodbertus, et plusieurs autres), il s'arrête longuement au cas de Marx. Böhm-Bawerk rejette alors la théorie de Marx et des socialistes selon laquelle les capitalistes exploiteraient les ouvriers. Cette idée a beau être fausse et reposer sur des prémisses théoriques douteuses, il n'en demeure pas moins qu'elle a été largement diffusée et qu'on ne saurait nier sa popularité.

Selon Böhm-Bawerk, deux raisons majeures expliquent le succès de la théorie de l'exploitation. Il s'agit tout d'abord d'une théorie qui fait appel aux sentiments des ouvriers : ceux-ci, dit-il, « croient en la théorie de l'exploitation parce qu'elle leur est agréable, même si elle est fausse[1] ». Aussi, cette théorie n'a pas rencontré d'opposants importants capables de lui opposer une critique solidement argumentée. Dans le deuxième tome, Böhm-Bawerk développe, en s'inspirant du modèle de Menger, le problème de la subjectivité de la valeur. Ainsi, il explique à partir d'un exemple précis, pour ne prendre que celui-ci parmi d'autres, que la valeur des livres pour un universitaire est plus grande que leur valeur sur le marché. Le libraire, quant à lui, pense différemment. Böhm-Bawerk montre que les deux raisonnements, bien qu'étant fondamentalement opposés, se valent parfaitement et peuvent s'expliquer à partir de raisons. Cette différence entre deux

1. E. von Böhm-Bawerk, *Capital and Interest: A Critical History of Economical Theory*, Auburn, Ala., Mises Institute, 2007 (1re éd. 1884), p. 391.

conceptions de l'échange illustre clairement que la division entre la valeur d'utilité et la valeur d'échange n'est pas opératoire[1]. Quant au troisième tome, il se veut un appendice dans lequel Böhm-Bawerk fournit des explications supplémentaires sur son cadre théorique, ainsi que des réponses aux objections qui lui ont été adressées[2].

Mises, on le verra, va quant à lui reprendre la théorie subjectiviste de ses maîtres qu'il va opposer à l'historicisme, au marxisme, mais aussi au positivisme et à l'économie mathématique.

Un dernier mot, de portée générale, sur l'école autrichienne. En dépit de contributions qui ne sont certes pas négligeables, il est indéniable aux yeux de certains historiens de la science économique que l'école autrichienne n'a pas été reconnue à sa juste valeur. Murray N. Rothbard, dont les observations à ce sujet ne sont jamais désintéressées, soutient que cela s'explique par le fait qu'elle a été fondée au moment où le scientisme était triomphant au sein des sciences sociales naissantes. Or, en s'élevant contre l'utilisation de la statistique et des mathématiques, l'école autrichienne proposait une approche philosophique, souvent articulée dans de lourds traités, qui allait contre les idées dominantes du temps. Aussi, en plaçant l'individu et sa subjectivité au centre de leurs préoccupations, les économistes autrichiens, tant sur le plan méthodologique que politique, s'élevaient à la fois contre le holisme et l'étatisme[3].

1. E. von Böhm-Bawerk, *The Positive Theory of Capital*, Auburn, Ala., Mises Institute, 2007 (1re éd. 1889), p. 166-169.
2. E. von Böhm-Bawerk, *Recent Literature on Interest*, Auburn, Ala., Mises Institute, 2007 (1re éd. 1903).
3. M. N. Rothbard, « Ludwig von Mises and the Paradig for Our Age », in *Egalitarism as a Revolt Against Nature and Other Essays*, Auburn, Ala., Mises Institute, 2007 (1re éd. 1974), p. 226-227.

III. MISES ÉCONOMISTE

Enivré par sa lecture des travaux de Menger, enthousiasmé par les séminaires de Böhm-Bawerk, Mises assume l'héritage de ses devanciers pour s'imposer par la suite comme le plus important représentant de la tradition autrichienne d'économie de la première moitié du XXe siècle.

■ Penser à contre-courant

On sait, d'après les témoignages de ses amis et d'après ses mémoires, que Mises a, pendant une bonne partie de sa vie, ardemment souhaité obtenir un poste à l'université. « Pour moi, écrit-il, aucune autre vocation ne m'attirait plus que celle de professeur d'université. Je me suis rendu compte assez tôt que, pour un libéral classique comme moi, un poste de professeur titulaire dans une université d'un pays de langue allemande me serait toujours refusé[1]. »

De 1909 à 1938, le poste d'économiste en chef que Mises va occuper à la Chambre de commerce de Vienne devient pour ainsi dire un choix résiduaire. « La Chambre m'avait offert, raconte-il, le seul poste que je pouvais obtenir en Autriche. Un poste de professeur d'université m'était fermé étant donné que les universités cherchaient des interventionnistes et des socialistes[2]. » Mises a donc peu d'intérêt pour son emploi. Ce qui l'intéresse, surtout, c'est de contri-

1. L. von Mises, *Notes and Recollections*, *op. cit.*, p. 93.
2. *Ibid.*, p. 73.

buer au développement du paradigme théorique mis sur pied par Menger puis par Böhm-Bawerk.

En 1912, Mises publie son gros traité, *Theorie des Geldes und der Umlaufsmittel* (*Théorie de la monnaie et du crédit*), dans lequel la double influence de Menger et de Böhm-Bawerk est fondamentale, bien qu'il n'hésite pas à contester, on le verra, certaines de leurs idées. L'année suivante, Mises obtient un poste (sans salaire) à la faculté de droit de l'université de Vienne. À cette époque, il commence à acquérir la réputation, qui ne le quittera plus, d'un homme intransigeant. Une telle critique, dira-t-il quelques années plus tard, lui semblait parfaitement injustifiée, lui qui se voyait au contraire comme étant un homme enclin au compromis, du moins au plan politique[1]. Mises est, entre-temps, appelé à participer à la grande guerre, mais la maladie le force à rentrer à Vienne en 1917 où il va occuper un poste à la division du département de la guerre. Ce travail, conjugué avec le contexte sociopolitique chaotique de l'époque, lui inspire alors l'écriture de son deuxième livre, *Nation, State, and Economy* (1919). La guerre met fin au monde ancien ; elle conclut pour ainsi dire le XIXe siècle.

Ce n'est qu'après la guerre que Mises commence à réellement s'imposer comme l'une des figures intellectuelles majeures de Vienne puis de l'Autriche tout entière[2]. Son ouvrage sur le socia-

---

1. L. von Mises, *Notes and Recollections*, *op. cit.*, p. 74-75.
2. Hayek soutient que, dans les années 1930, Mises n'est pas encore bien connu en dehors des frontières de sa patrie. En 1931, écrit-il, « Mises était encore une figure relativement mineure, confinée à un domaine d'expertise particulier. Il avait proposé deux choses : une théorie de la monnaie et une critique du socialisme. Son grand livre, son essai philosophique, qui a fait de lui un grand philosophe social, est paru en Allemagne seulement en 1938, et la version américaine seulement dans les années 1940. Mais dans les années

lisme, qui paraît en 1922 (et qui sera traduit en anglais en 1936 puis en français en 1938), lui assure alors une visibilité de plus en plus importante. Si certains saluent son courage et la finesse de ses analyses, d'autres pourfendent son intransigeance et son dogmatisme. Jouissant du prestige et de la visibilité que lui confèrent ses premiers travaux, Mises se penche alors sur les problèmes d'inflation que connaît l'Autriche au début des années 1920. À l'époque, son séminaire privé (*Privateseminar*) attire plusieurs des meilleurs jeunes économistes : Friedrich Hayek (1899-1992), Gottfried Haberler (1900-1995), Fritz Machlup (1902-1983), Erich Voegelin (1901-1985), Alfred Schütz (1899-1959), Felix Kaufmann (1895-1949). Mises est alors vu, du moins par ses amis, comme « le plus grand esprit vivant d'Autriche[1] ». Mais bien que ses nombreuses réalisations forcent l'admiration, Mises n'obtient pas le poste de professeur titulaire qu'il convoite tant ; il doit plutôt se contenter d'un poste de professeur à la leçon (*Privatdozent*).

■ De l'Europe à l'Amérique

En 1925, Ludwig von Mises fait la rencontre de Margit Serény qu'il va épouser en 1938 à l'âge avancé de 56 ans[2].

1930, Mises était peu connu internationalement » (*Hayek on Hayek: An Autobiographical Dialogue*, Chicago, University of Chicago Press, 1994, p. 76). Les dates mentionnées par Hayek sont imprécises. Il veut sans doute faire référence à *Nationalökonomie* paru en allemand en 1940, puis à *Human Action* neuf ans plus tard en anglais.

1. Cf. I. Kirzer, *Ludwig von Mises*, *op. cit.*, p. 10.
2. Voir M. von Mises, *My Years with Ludwig von Mises*, Auburn, Ala., Mises Institute, 2007 (1re éd. 1976).

En 1933, la montée du nazisme met en danger l'autonomie de l'Autriche, et force Mises l'année suivante à la quitter pour Genève. En 1940, étant sur la liste noire des nazis, il émigre finalement aux États-Unis, comme beaucoup d'autres intellectuels et scientifiques. Les premières années en Amérique sont particulièrement difficiles : Mises donne des cours dans quelques universités prestigieuses, comme Berkeley, Columbia, Harvard et Princeton mais, comme si l'histoire se répétait, aucune d'elles ne lui offre un poste de professeur régulier. Il doit donc se contenter d'un poste de professeur invité à la New York University Graduate School of Administration. Mais Mises ne se laisse pas abattre et s'intègre lentement à son nouveau milieu. Il commence à développer quelques amitiés, notamment avec les journalistes Henry Hazlitt (1894-1993), Lawrence Fertig (1898-1986), ainsi qu'avec l'essayiste libertarien Leonard E. Read (1898-1983).

Au lendemain de la Deuxième Guerre mondiale, la réputation de Mises, qui vient alors d'obtenir la citoyenneté américaine, est grandissante. Il se met à l'écriture de son *magnum opus*, *Human Action* (1949) qui est en fait une nouvelle version d'un ouvrage publié quelques années auparavant en allemand, *Nationalökonomie* (1940). Cet ouvrage imposant, qui est l'œuvre de toute une vie de méditation et de recherche, a toutefois été reçu défavorablement par la communauté des économistes du temps[1]. D'un point de vue méthodologique, il faut dire que Mises, qui se montrait fidèle aux enseignements de ses maîtres dans sa critique de l'économétrie (fort en vogue à

1. Sur l'histoire de *Human Action* voir M. von Mises, *My Years with Ludwig von Mises*, *op. cit.*, p. 103-114.

l'époque) et de la mathématisation de l'économie, apparaissait d'une certaine manière comme un économiste du passé.

Le rayonnement de Mises sera donc assez limité. Quelques disciples de la nouvelle génération, comme Murray N. Rothbard (1926-1995), Hans Sennholz (1922-2007), George Reisman, Israel Kirzner, lui sont fidèles et participent avec enthousiasme aux séminaires qu'il donne à la New York University.

Outre *Human Action*, Mises publie pendant cette période quelques ouvrages qui, en dehors du cercle de ses admirateurs, sont peu connus : *Bureaucracy* (1944), *Omnipotent Government* (1944), *Planning for Freedom and Others Essays and Adresses* (1952), *Theory and History* (1957). Au début des années 1960, malgré son âge avancé, il continue à publier avec régularité et donne de multiples conférences. Il cesse d'enseigner son séminaire en 1969 alors qu'il est âgé de 88 ans.

L'émigration aux États-Unis de Mises signifie donc que, désormais, c'est de l'autre côté de l'Atlantique que l'école autrichienne est appelée à continuer son parcours et à s'épanouir[1].

Ludwig von Mises meurt à New York le 10 octobre 1973.

1. Voir K. Vaughn, *Austrian Economics in America: The Migration of a Tradition*, Cambridge, Cambridge University Press, 1994.

Chapitre II

[Principales œuvres de Ludwig von Mises]

Mises a écrit une multitude de livres et d'articles. Mais, un peu comme les auteurs du XIXe siècle, le moyen d'expression qui semblait mieux lui convenir était sans doute le livre, ce qui a contribué à en faire un auteur démodé à une époque où l'article était de plus en plus prisé chez les économistes. Érudit, il se nourrit de ses nombreuses lectures pour développer son modèle théorique. L'évolution de sa pensée peut se lire d'une manière linéaire, dans la mesure où ses écrits, qui ne sont pas dépourvus de redondance, semblent participer au développement progressif d'un ambitieux programme de recherche. Murray N. Rothbard estime que, parmi les nombreux livres qu'a écrits Mises, quatre d'entre eux sont particulièrement importants : *The Theory of Money and Credit* (1912), *Socialism* (1922), *Human Action* (1949) et *Theory and History* (1957). Il est difficile ici de contredire celui qui fut sans doute l'un des élèves les plus importants et les plus connus de Mises. Il n'est pas douteux en tout cas que ces ouvrages, qui couvrent cinq décennies de réflexion, permettent de suivre de près le cheminement de Mises et de dégager ses intentions les plus fondamentales.

I. *THE THEORY OF MONEY AND CREDIT*

Publié d'abord en allemand en 1912, *Theorie des Geldes und der Umlaufsmittel* ne sera traduit en anglais qu'en 1934[1]. L'ouvrage est d'emblée repoussé par les membres de l'école historique, de même que par John Maynard Keynes. Il est toutefois reçu favorablement par Böhm-Bawerk qui lui consacre deux trimestres dans le cadre de son séminaire.

Dans cet ouvrage, Mises applique les principes théoriques de l'école autrichienne tels que définis par Menger et Böhm-Bawerk. Mais il souhaite aller plus loin que ses deux illustres devanciers. Ainsi, il écrit en 1940 : « Les systèmes de Menger et Böhm-Bawerk ne m'étaient plus complètement satisfaisants. J'étais prêt à m'engager au-delà de la route que mes vieux maîtres avaient découverte[2]. » Mises va reformuler la théorie de Menger en expliquant la valeur de la monnaie et en centrant son analyse sur le choix des individus. Mises est dès lors solidement équipé pour montrer qu'à l'origine la monnaie est non pas le résultat de mesures étatiques ou encore de conventions ou de décrets, mais d'une multitude d'actions individuelles.

■ Fonction de la monnaie

La première partie de l'ouvrage s'ouvre avec un important chapitre dans lequel Mises explique la fonction de la monnaie.

1. L. von Mises, *The Theory of Money and Credit*, Indianapolis, Ind., Liberty Fund, 1981 (1re éd., Londres, Jonathan Cape Ltd, 1934 ; 2e éd., New Haven, Conn., Yale University Press, 1953). Il n'existe pas à ce jour de traduction française.
2. L. von Mises, *Notes and Recollections*, *op. cit.*, p. 55-56.

Carl Menger a montré que le phénomène de la monnaie présuppose un ordre économique dont la production repose sur la division du travail. Dans ces conditions, la monnaie devient un moyen de médiation qui facilite les échanges qui, eux, ne sont jamais directs. Un principe se dégage : plus la division du travail progresse, plus les échanges indirects tendent à se généraliser. « L'histoire économique est l'histoire de l'extension progressive de la communauté économique au-delà des limites originales de la simple famille pour s'étendre à la nation et puis au monde entier[1]. » Certes, il est quelque peu banal, quoique juste, d'affirmer que la fonction de la monnaie est de faciliter les échanges des biens et des services. Or il y a plus important encore. La fonction primordiale de la monnaie serait de faciliter le crédit. Le crédit n'étant rien d'autre en fait que l'échange de biens présents contre des biens futurs. La monnaie transmet donc de la valeur à travers le temps et l'espace.

Les économistes classiques, dont Ricardo, ont lourdement insisté sur la valeur qu'ils ont tenté d'expliquer de manière objective. Mais Mises veut dépasser ce point de vue en montrant que, suivant sa propre perspective théorique, la valeur peut s'expliquer d'un point de vue subjectiviste dans la mesure où elle prend en compte la signification que les individus donnent aux biens dont la valeur est relative à un contexte, à une situation. Chaque transaction suppose une comparaison des biens, mais cette comparaison repose *a priori* sur des choix individuels. Sur l'île de Robinson Crusoé, pour prendre un exemple classique, une telle comparaison est impossible puisqu'il n'y a rien à vendre, à acheter ou à échanger.

1. L. von Mises, *The Theory of Money and Credit*, *op. cit.*, p. 46.

Mises parvient à la conclusion que la valeur repose sur un processus d'évaluation permanent de la part des individus impliqués dans un échange. Dans cette perspective, la monnaie n'est pas neutre. Bien au contraire.

■ Valeur de la monnaie

La deuxième partie de l'ouvrage, qui est de loin la plus volumineuse, porte sur la valeur de la monnaie. On ne peut, dit Mises, discuter de la monnaie sans discuter de la valeur objective de la monnaie. Il distingue tout d'abord les facteurs objectifs des facteurs subjectifs de la valeur de la monnaie. Même si, intrinsèquement, on prête à la monnaie un caractère objectif, il ne faut pas négliger pour autant l'aspect subjectif qui est essentiel, rappelle Mises en s'inspirant de Böhm-Bawerk. À première vue, la monnaie a pour fonction d'objectiver les échanges. Mais pour les économistes autrichiens, l'objectivation des échanges ne porte pas essentiellement sur les biens en eux-mêmes ; elle fait surtout appel à la rationalisation des individus et à leurs capacités à évaluer les biens et les produits. On voit bien ici toute la différence qui sépare la théorie de la valeur des auteurs classiques avec celle des membres de l'école autrichienne. Pour les classiques, la valeur est inhérente aux produits. Elle s'explique, selon eux, par exemple, par les coûts de production, par le travail fourni, etc. La monnaie devient alors l'indicateur privilégié de la valeur.

Qu'en est-il, dans cette foulée, de la demande de monnaie ? À première vue, elle est pleinement objective ; elle apparaît de fait déterminée par des facteurs qui sont extérieurs à des considérations subjectives. La monnaie représenterait donc la totalité des biens d'une société donnée à un moment déterminé. Théorie séduisante, mais qui, selon Mises, ne résiste pas au verdict du réel. Et la raison en est simple : la société n'est pas un agent économique en tant que tel, distinct des individus qui la composent. Il est donc inadmissible de commencer l'investigation avec la demande en monnaie pour une communauté. La demande en monnaie n'est rien d'autre que la somme des demandes en monnaie d'agents économiques qui composent une société. Mises fait appel ici à une psychologie simple, que l'on pourrait aussi appeler une psychologie du sens commun. Chaque agent économique, dans le monde moderne, n'a d'autre choix que de posséder un stock de monnaie afin de couvrir ses besoins particuliers. Mais ce stock, explique Mises, dépend de circonstances particulières, relatives à un contexte et à un lieu. Ces considérations permettent à Mises de conclure que la monnaie est d'origine spontanée, non étatique.

Mises consacre la dernière partie de son ouvrage à la monnaie et aux opérations bancaires. Il y expose les idées maîtresses de sa théorie des cycles économiques. Pour Mises, nous aurons l'occasion d'y revenir, la cause du mouvement inflationniste est attribuable non pas à la hausse des prix, mais à l'augmentation de la quantité monétaire.

II. *LE SOCIALISME. ÉTUDE ÉCONOMIQUE ET SOCIOLOGIQUE*

Il est difficile de trouver une critique plus percutante des différentes variantes de la doctrine socialiste que celle qui est proposée par Ludwig von Mises dans son ouvrage sur le socialisme[1]. Préfaçant une nouvelle édition de l'ouvrage en 1978, Hayek dira du reste que l'ouvrage a « bouleversé sa génération[2] ». Mises propose pour ainsi dire une critique, au sens kantien du terme, du socialisme. Il montre que le socialisme repose sur une série de postulats qui sont faux, irréalistes et, de fait, impraticables.

■ Les raisons du succès du marxisme

Dès le tout début du livre, Mises reproche sévèrement à Marx — sa cible de prédilection — d'avoir « abusé de la méthode hégélienne », c'est-à-dire d'avoir voulu enfermer l'évolution humaine dans un déterminisme étroit. Dès lors, il pose une question fondamentale : pourquoi le marxisme est-il parvenu à s'imposer ? Sa réponse rappelle celle des libéraux français du XIXe siècle : « L'incomparable succès du marxisme est dû au fait qu'il promet l'accomplissement des rêves et des désirs très anciens de l'humanité et l'assouvissement de ses ressentiments innés. Il promet le paradis sur terre [...] Il enseigne comment on met au rancart la logique et la pensée, pour ce qu'elles montrent la sottise de ces rêves de félicité et de vengeance. De toutes les réactions, qui s'en prennent à la souveraineté, due au nationalisme, de la pensée scientifique sur la vie et l'action, le marxisme est la plus radicale. Il est antilogique, antiscience, anti-pensée. » Et il précise : « Du reste son fondement le plus remarquable est l'inter-

1. L. von Mises, *Le Socialisme*, Paris, Médicis, 1952 (1re éd. allemande 1922, 1re éd. anglaise 1936).
2. F.A. Hayek, « Foreword », *in* L. von Mises, *Socialism*, Indianapolis, Ind., Liberty Fund, 1978.

diction de la pensée et de la recherche scientifique, c'est-à-dire de la pensée et de la recherche scientifique concernant l'organisation et le fonctionnement de l'économie socialiste. Par un procédé qui caractérise sa rancune contre la science, le marxisme s'est donné le nom de socialisme scientifique[1]. »

Dans cette perspective, Mises propose donc, en dépit de l'interdiction marxiste, dit-il avec ironie, de chercher à comprendre les problèmes qui touchent l'organisation de la société socialiste. « Cependant il ne suffit pas d'étudier scientifiquement les problèmes du socialisme. Il faut aussi détruire les préjugés que la conception socialiste-étatiste en honneur sème sur la route pour empêcher qu'on accède à une considération impartiale de ces problèmes. » Et il ajoute : « Il est vrai que pour beaucoup le socialisme aujourd'hui est avant tout article de foi. Mais la critique scientifique a pour tâche primordiale de détruire les fausses croyances[2]. » Si le socialisme est à rejeter en bloc, Mises croit néanmoins que l'on doit l'étudier scientifiquement afin d'en bien montrer l'absurdité. « Ainsi l'on continuera à travailler à l'avènement du socialisme, et l'on vouera à la ruine certaine la civilisation édifiée pendant des milliers d'années par les peuples occidentaux. L'avenir inéluctable qui nous attend, c'est le chaos, la misère, la nuit de la barbarie[3]. » Ce constat rend Mises pessimiste ; c'est que, dit-il, le socialisme, au lendemain de la Première Guerre, semble rencontrer peu d'opposition ; il triomphe sans partage. Pour lui, l'intervention de l'État est au fond une adhésion à la doctrine socialiste.

1. L. von Mises, *Le Socialisme*, *op. cit.*, p. 13-14.
2. *Ibid.*, p. 15-16.
3. *Ibid.*, 1952, p. 21.

Mais le socialisme a aussi échoué en ne réussissant pas à montrer pourquoi le capitalisme était impraticable et, de fait, pourquoi il était supposément destiné à s'éteindre. « La science du socialisme n'a pas dépassé les premiers tâtonnements. » Une telle erreur s'explique au fond par le postulat holiste qui est aux fondements mêmes du socialisme. Ainsi, le socialisme — et plus spécifiquement le marxisme — a voulu montrer que « la conscience est déterminée par l'existence collective. Les idées qu'un auteur exprime sont déterminées par son appartenance à telle ou telle classe sociale. Il n'est pas en son pouvoir de déborder sa classe et de libérer sa pensée de ce que lui prescrit son intérêt de classe. On conteste ainsi la possibilité d'une science générale, valable pour tous les hommes et sans distinction de classe[1]. »

Il s'agit là d'une critique de méthode importante où se conjuguent une vive opposition vis-à-vis du déterminisme de même que pour ce qu'on appelle aujourd'hui le « relativisme ».

■ Les inconséquences de l'économie socialiste

Mises ne cesse de répéter que le socialisme nie la rationalité des agents économiques. « L'activité rationnelle, et par suite la seule susceptible d'une étude rationnelle, ne connaît qu'un seul but : le plaisir le plus parfait de l'individu agissant, qui veut atteindre le plaisir et éviter la peine. » Une telle remarque, qui renvoie à la question des coûts et des bénéfices, rapproche Mises des théoriciens utilitaristes. « D'une manière générale l'homme n'agit que parce qu'il n'est pas

1. L. von Mises, *Le Socialisme*, *op. cit.*, p. 27.

pleinement satisfait. S'il jouissait constamment d'un bonheur parfait il n'aurait ni désir, ni volonté, il n'agirait pas [...] L'action a toujours pour but de supprimer un état de malaise dont on est conscient, d'obvier à un manque, de satisfaire et d'accroître le sentiment du bonheur[1]. » L'activité rationnelle et l'économie sont inséparables. « Toute activité rationnelle est économie et toute économie est activité rationnelle[2]. » Or Mises précise : « Toute action rationnelle est d'abord individuelle. C'est l'individu seul qui pense, c'est l'individu seul qui est raisonnable. Et c'est l'individu seul qui agit[3]. »

L'individu, dans un système capitaliste, hiérarchise les biens en fonction de leur utilité : il en détermine subjectivement la valeur. Il effectue un calcul économique (ce qui est impensable, pour Mises, dans un système socialiste). « Chaque individu y est inséré à un double titre, comme consommateur d'une part, comme producteur d'autre part. Comme consommateur, il établit la hiérarchie des biens d'usage et des biens mûrs pour la consommation ; comme producteur il règle l'emploi des biens d'ordre supérieur de manière à en tirer le rendement maximum[4]. » La monnaie permet ce genre d'opération. L'évaluation des biens de production fait nécessairement défaut à l'économie socialiste.

Dans un régime capitaliste, au contraire, « les revenus ont leur source dans le résultat des trafics des marchés, liés indissolublement à la production. Ici, il n'y a pas d'abord production, puis répartition[5]. »

1. L. von Mises, *Le Socialisme*, *op. cit.*, p. 127.
2. *Ibid.*, p. 128.
3. *Ibid.*, p. 129.
4. *Ibid.*, p. 138.
5. *Ibid.*, p. 173-174.

L'individu, en principe, est payé selon sa contribution, selon sa valeur. Mises précise que la valeur du travail ne se mesure pas à la durée des heures de travail, mais qu'elle dépend essentiellement de l'utilisation qu'elle a sur le plan économique.

Mises explique que les socialistes ont une conception erronée du travail — surtout, ils comprennent mal les motifs psychologiques qui incitent les individus à travailler (ou à ne pas travailler). Le travail inspire la répulsion, l'individu travaille pour pouvoir profiter ultérieurement de jouissances que lui procure le fruit de son travail. Or, comme par magie, dans un système socialiste, les hommes travailleraient dans la joie ; ils éprouveraient le besoin d'être actifs, même si ça ne leur profite pas nécessairement. On ne peut donc pas, selon Mises, enlever au travail son caractère antipathique, contraignant. Il est erroné de penser qu'il serait profitable économiquement de demander aux individus de pratiquer divers métiers, afin que la vie leur soit plus agréable. On ne peut être tisserand le matin, et poète le soir. Il est aussi erroné de prétendre, comme le font les socialistes, que les hommes ont un penchant inné au travail, « qu'en soi le travail engendre la joie, et que ce sont seulement les conditions de la société capitaliste qui ont changé cette joie en peine ». Or, « si le travail procure de la joie, pourquoi l'ouvrier en est-il dédommagé par un salaire ? Pourquoi n'est-ce pas l'entrepreneur qui reçoit un salaire de l'ouvrier pour lui avoir procuré l'occasion de travailler ? D'ordinaire on ne paie pas celui à qui l'on procure des joies ; cela devrait donner à réfléchir[1]. » Ce n'est donc pas le travail qui procure

1. L. von Mises, *Le Socialisme*, *op. cit.*, p. 196.

directement le plaisir, mais les jouissances de toutes sortes qui vont en découler.

En refusant de prendre en considération la psychologie des individus, le socialisme demeure chimérique. Mais il y a plus : « Dans la communauté socialiste manque la possibilité d'une comptabilité économique, de sorte qu'il est impossible de déterminer le coût et le rendement d'une action économique et de prendre le résultat du calcul comme norme de l'action. Cette seule raison suffirait déjà à montrer que le socialisme est irréalisable. Mais outre cela un second obstacle, infranchissable, s'oppose encore à sa réalisation. Il est impossible de trouver une forme d'organisation rendant l'activité économique de l'individu indépendante de la collaboration des autres camarades, sans faire de cette activité un jeu de hasard d'où toute responsabilité serait exclue[1]. »

La première erreur s'explique par le fait que l'on n'est pas parvenu à se défaire de l'idée selon laquelle le temps de travail pouvait servir d'échelle pour mesurer la valeur. Or, pour Mises et les Autrichiens, on ne peut évaluer objectivement la valeur, celle-ci étant variable selon les individus et le contexte. Façon de dire que la valeur s'exprime dans les prix du marché.

La seconde erreur découle du fait que l'on a méconnu le caractère organique du problème ; « on a pensé qu'on s'en tirerait en choisissant mieux les personnes et les qualités de ces personnes. On n'a pas voulu observer que même des hommes brillamment doués et d'une haute valeur morale ne pouvaient répondre aux tâches

1. L. von Mises, *Le Socialisme*, *op. cit.*, p. 243.

qu'impose la direction économique socialiste[1]. » Mises prévoit que ces erreurs sont appelées à se maintenir tant et aussi longtemps que les théoriciens socialistes tiendront à défendre la théorie de la valeur-travail et à souscrire à une vision statique de l'économie. Face aux apories du socialisme, une seule solution est possible : l'économie capitaliste.

Dans la dernière section de la deuxième partie de l'ouvrage, Mises consacre quelques développements sur ce qu'il appelle les « diverses conceptions de l'idéal socialiste et les conceptions pseudo-socialistes » où il discute du solidarisme, du solidarisme d'État, du socialisme militariste, du socialisme d'Église, du socialisme des guildes, puis du syndicalisme.

S'agissant du syndicalisme, pour ne prendre que ce cas, Mises dit qu'il « représente l'une des formations de combat employée par la classe ouvrière organisée pour atteindre ses buts politiques ». En fait, le syndicalisme « cherche à amener un état social où les ouvriers sont les possesseurs des moyens de production[2] ». Ceci étant dit, Mises repousse le manque de réalisme du syndicalisme : « La plupart des ouvriers se font des images fantastiques de l'accroissement de richesse que leur procurerait l'aménagement syndicaliste des conditions de propriété. Ils se figurent que rien que le partage de ce que les propriétaires fonciers, capitalistes et chefs d'entreprise, gagnent sous le régime de l'économie capitaliste, leur apporterait à chacun un accroissement considérable de leurs revenus. » À ce sujet, les libéraux sont d'une tout autre opinion. « Ils démontrent qu'une

1. L. von Mises, *Le Socialisme*, *op. cit.*, p. 244.
2. *Ibid.*, p. 309.

répartition du bénéfice des propriétaires et des entrepreneurs ne procurerait aux ouvriers qu'une augmentation insignifiante de leurs émoluments. Les libéraux prétendent en outre que les entreprises qui ne seraient plus dirigées par les entrepreneurs travaillant dans leur propre intérêt et à leur propre compte, mais par des chefs ouvriers non préparés à cette tâche, verraient leurs bénéfices diminuer. Et non seulement l'ouvrier ne gagnerait pas davantage qu'avec l'économie libre, il gagnerait beaucoup moins[1]. » Le problème est que les partisans de la syndicalisation présupposent un état immuable de la société et ne s'intéressent guère aux changements de la sphère économique. Au total, pour Mises, « le syndicalisme n'a jamais été autre chose que l'idéal d'une horde de pillards[2] ».

■ La doctrine de l'inéluctabilité du socialisme

Dans la troisième partie de l'ouvrage, Mises continue de mobiliser des arguments contre le socialisme et le matérialisme historique qui, dit-il, « ne relèvent pas de la science, mais de la métaphysique[3] ».

Il propose une critique dans cette foulée du déterminisme qui lui permet de définir ce qu'est réellement une société. La sociologie, dès ses débuts, lui apparaît comme une discipline vouée à l'échec : il est non seulement faux de prétendre que l'humanité se dirige vers un état final, comme le postule le comtisme, mais il est également erroné au plan méthodologique de vouloir fonder une science de la société sur le modèle de la physiologie.

1. L. von Mises, *Le Socialisme*, *op. cit.*, p. 311-312.
2. *Ibid.*, p. 315.
3. *Ibid.*, p. 323.

C'est de fait avec la division du travail que s'installe, selon Mises, une solidarité véritable, où les individus sont insérés dans des rapports de complémentarité. « Qui dit société, dit collaboration, coopération dans l'action. Dire que la société est un organisme c'est dire qu'elle est fondée sur la division du travail [...] L'homme moderne est un être social, non seulement parce qu'on ne peut l'imaginer subvenant isolément à ses besoins matériels mais encore parce que seule la société a rendu possible le développement de ses facultés intellectuelles et sensibles. L'homme est inconcevable comme être isolé, parce que l'humanité n'existe qu'en tant que phénomène social et que l'homme n'a dépassé le stade de l'animalité que dans la mesure où l'action en commun a noué entre les individus des liens sociaux. » Mises admet ainsi que la réunion d'individus « crée quelque chose de nouveau, quelque chose qui n'existait pas auparavant[1] ».

Si les individus échangent entre eux c'est qu'il en est de leur intérêt de le faire. L'avantage de la division du travail est donc toujours réciproque. Mais cette réciprocité ne suffit pas à définir ce qu'est une société. « La société ne commence que lorsqu'apparaît chez les individus la volonté d'agir ensemble. Poursuivre en commun des desseins que l'on saurait réaliser seul ou qu'on réaliserait moins bien, coopérer, voilà l'essence de la société. Ainsi la société n'est-elle pas une fin mais un moyen, un moyen mis au service de chacun des associés pour atteindre ses propres buts[2]. »

Pour Mises, et pour les libéraux du reste, la société repose donc sur la paix, et non sur la guerre. De fait, la théorie darwinienne selon

1. L. von Mises, *Le Socialisme*, *op. cit.*, p. 334-335.
2. *Ibid.*, p. 341.

laquelle les faits sociaux s'expliqueraient par la lutte pour la vie est radicalement fausse. « Dans la société, écrit Mises, il n'y a pas de lutte pour la vie. On se trompe lourdement si l'on croit que le développement logique de la théorie libérale peut aboutir à une autre conclusion[1]. » Sur cette base, Mises rejette la théorie des races de Gobineau et de bien d'autres, comme Vacher de Lapouge. Ce qu'il conteste au demeurant c'est l'idée de lutte entre les races — et non pas le fait que certaines races soient supérieures ou inférieures à d'autres, ce qui au reste n'empêche pas la collaboration et l'échange. Les mêmes objections peuvent être adressées à la théorie marxiste des classes qui postule de manière axiomatique la lutte entre deux classes fondamentalement opposées : la classe dominante et la classe dominée.

Mises fait remarquer que les marxistes comparent souvent le régime de l'esclavage avec celui du capitalisme. Or une telle comparaison n'a aucun fondement. « Le travail salarié libre est sorti historiquement en partie du travail servile et il a fallu longtemps pour qu'il se dépouille de toutes les traces de son origine et revête la forme qu'il a dans l'économie capitaliste[2]. » Mises croit donc nécessaire de rappeler que, contrairement à une idée reçue, le libéralisme a non pas été favorable aux rangs sociaux, mais que, au contraire, il a combattus. La lutte des classes comme moteur de l'évolution sociale est donc simpliste.

Mais il y a plus. Pour les marxistes, la pensée de l'individu est complètement déterminée par son milieu économique et le régime

1. L. von Mises, *Le Socialisme*, *op. cit.*, p. 364.
2. *Ibid.*, p. 384.

de production dans lequel il vit. C'est pourquoi Marx pense que les masses, jusque-là aveugles et irrationnelles, deviendront lucides et rationnelles sous un nouveau régime socialiste. Ce sera, en fait, la fin de l'aliénation.

Mises n'a pas de peine à repousser cet argument qui repose sur des bases tautologiques : « L'avènement d'une certaine forme de société est inévitable parce que l'évolution y conduit ; l'évolution y conduit parce que la pensée l'exige ; mais la pensée est elle-même déterminée par les réalités existantes. Or, ces dernières ne peuvent être rien d'autre que la société dans son état actuel. Ainsi de la pensée déterminée par l'état de choses existant découle la nécessité d'un nouvel état de choses[1]. »

En fait, pour les socialistes, l'évolution économique est un jeu à somme nulle : « La conception selon laquelle d'un côté la richesse ne cesserait de s'accroître tandis que d'un autre côté la pauvreté augmenterait sans cesse, fut d'abord établie sans être sciemment reliée à une théorie économique. Elle ne fait que traduire l'impression que des observateurs croient pouvoir dégager de l'étude des rapports sociaux. Mais le jugement ainsi porté n'est pas sans se ressentir de l'idée selon laquelle la somme des richesses d'une société représente une constante de telle sorte que quand certains possèdent davantage d'autres doivent nécessairement posséder moins. » Cela ne veut pas dire que le capitalisme soit parfait et qu'il a « fait disparaître toute la misère du monde[2] ». Un tel régime, comme tout régime, est évidemment perfectible. Les socialistes ne parlent que

1. L. von Mises, *Le Socialisme*, *op. cit.*, p. 417.
2. *Ibid.*, p. 432-433.

de ceux qui s'enrichissent rapidement, mais ils omettent de dire mot sur ceux qui perdent leur fortune à une rapidité impressionnante. Ils oublient aussi que l'enrichissement repose sur la prise de risque. C'est pourquoi les fortunes sont souvent éphémères ; en se partageant d'ordinaire entre plusieurs descendants, elles dépassent rarement deux ou trois générations. La théorie de la paupérisation croissante est donc démentie par l'histoire.

III. *L'ACTION HUMAINE. TRAITÉ D'ÉCONOMIE*

Version anglaise d'un ouvrage publié à l'origine en allemand, *Nationalökonomie* (1940), *L'Action humaine* (1949) est sans aucun doute le livre le plus important de Mises. Le propos est vaste, l'étendue du savoir est remarquable : il s'attaque aussi bien à des questions méthodologiques, qu'épistémologiques ou théoriques, et synthétise en quelque 900 pages l'essentiel d'un ambitieux projet de recherche qui s'est développé et affiné sur cinq décennies. L'ouvrage est pluridisciplinaire dans le sens fort du terme, c'est-à-dire qu'il repose sur un savoir qui couvre à la fois l'histoire, la philosophie, la sociologie, la politicologie, et, bien sûr, l'économie qui devient en quelque sorte la fédératrice de toutes les sciences sociales. Il convient surtout d'insister sur la dimension épistémologique de Mises qui assure en bonne partie l'originalité du propos de l'ouvrage.

■ Questions d'épistémologie

Dès les premières pages de l'ouvrage, Mises entend démontrer la nécessité pour la science économique d'étudier l'action humaine : jusqu'à la fin du XIXe siècle, dit-il, l'économie politique, souscrivant alors à une forme ou une autre de positivisme, était essentiellement une théorie de la richesse et de l'intérêt égoïste. Pour Mises, la véritable révolution en science économique eut lieu seulement au XIXe siècle lorsque plusieurs économistes sont passés de la théorie objective de la valeur à la théorie subjective de la valeur. « La théorie moderne de la valeur recule l'horizon scientifique et élargit le champ des études économiques[1]. » C'est à ce moment précisément, selon Mises, que l'économie est devenue une branche fondamentale d'une science universelle, qu'il appelle la « praxéologie » et qu'il définit comme la science de l'action humaine. L'objet de cette science est d'étudier l'action subjective de manière objective. Mais l'insertion de cette science dans l'ensemble des connaissances pose un problème épistémologique de taille auquel Mises consacre de longues et savantes analyses : l'économie politique (ou la science économique) fut d'abord repoussée par l'historicisme qui « chercha à la remplacer par l'histoire économique[2] », puis par le positivisme qui voulait qu'elle se plie au modèle des sciences naturelles.

De manière générale, le polylogisme et l'irrationalisme ont attaqué la praxéologie. « Ils disent que c'est une illusion de croire que la recherche scientifique puisse obtenir des résultats valables pour les gens de toute époque, race et classe sociale, et ils prennent

1. *L'Action humaine*, *op. cit.*, p. 3.
2. *Ibid.*, p. 5.

plaisir à discréditer certaines théories physiques et biologiques qualifiées de bourgeoises ou d'occidentales[1]. » Ces inconséquences sont d'autant plus graves qu'elles véhiculent de pernicieuses idées reçues et qu'elles fragilisent sans cesse le statut scientifique de l'économie.

Contre le polylogisme et l'irrationalisme, Mises propose une définition générale de la science économique : « Il est exact que l'économie est une science théorique et, comme telle, s'abstient de jugements de valeur. Ce n'est pas sa tâche de dire aux gens quels objectifs ils doivent se proposer d'atteindre. Elle est une science des moyens à mettre en œuvre pour la réalisation de fins choisies, et non pas, assurément, une science du choix des fins[2]. » En fait, la science s'intéresse à ce qui est et non à ce qui doit être. Mises refuse donc de croire que l'action humaine serait complètement soumise à des forces occultes, ainsi que le propose la doctrine marxiste ; il croit au contraire qu'elle est intentionnelle et consciente. Sur cette base, Mises rejette la psychanalyse de même que le déterminisme biologique qui lui sont insoutenables au plan scientifique.

Selon Mises, les sciences de l'activité humaine se composent de deux branches principales : la praxéologie et l'histoire. L'histoire est une discipline dont le but n'est pas de prévoir ni de dégager des tendances, mais d'étudier les actions individuelles, c'est-à-dire les faits accidentels, particuliers ; elle a donc pour tâche l'action humaine dans le temps. La praxéologie, quant à elle, « est une science théorique et systématique, non une science historique. Son champ d'observation est l'agir de l'homme en soi, indépendamment de toutes les

1. *L'Action humaine*, *op. cit.*, p. 6.
2. *Ibid.*, p. 10.

circonstances de l'acte concret, qu'il s'agisse de cadre, de temps ou d'acteur. Son mode de cognition est purement formel et général, sans référence au contenu matériel ni aux aspects particuliers du cas qui se présente. Elle vise à une connaissance valable dans toutes les situations où les conditions correspondent exactement à celles indiquées dans ses hypothèses et déductions[1]. » Mais la matière historique, dès qu'elle est interprétée par la praxéologie, nous enseigne qu'il n'y a en fait qu'une seule logique humaine, qu'une seule rationalité ; elle permet en outre de repousser toute forme de relativisme.

La praxéologie vient donc compléter l'histoire. « L'Histoire ne peut nous enseigner aucune règle, aucun principe ni loi d'ordre général. Il n'y a aucun moyen d'abstraire d'une expérience historique *a posteriori* de quelques théories ou théorèmes concernant la conduite et les politiques humaines. Les données de l'Histoire ne seraient qu'une maladroite accumulation de faits sans liens, un monceau de confusion, si elles ne pouvaient être éclairées, distribuées et interprétées par un savoir praxéologique systématique[2]. »

Comme bien d'autres avant lui, Mises récuse la possibilité que l'histoire puisse être réellement scientifique. Car la matière historique est toujours organisée et présentée en fonction des goûts et des valeurs de l'historien qui sélectionne des faits parmi une masse hétérogène. L'histoire doit étudier les jugements de valeur des hommes du passé, mais elle doit évidemment s'abstenir de les juger. Mises est près ici, du moins sur ce point, de Max Weber, qu'il ne citera toutefois pas dans cet ouvrage, et du « rapport aux valeurs ». L'histoire

---

1. *L'Action humaine*, *op. cit.*, p. 36.
2. *Ibid.*, p. 46.

est, pour lui comme pour Weber, une science compréhensive. Mises admet avec l'auteur du *Savant et le politique* que « la compréhension établit le fait qu'un individu ou un groupe d'individus a entrepris une action déterminée émanant de tels ou tels jugements de valeur et de choix, et visant à telle ou telle fin ; qu'il a employé pour parvenir à ce but tel ou tel moyen suggéré par telle ou telle doctrine technologique, thérapeutique et praxéologique[1]. »

Pour Mises, tous les événements historiques ont un point en commun essentiel, à savoir qu'ils mettent en œuvre l'agir humain, c'est-à-dire qu'ils sous-tendent des comportements rationnels. Mais cela n'est qu'un constat qu'il faut chercher à dépasser. C'est ici, selon Mises, que la praxéologie vient assister l'histoire qui, elle, procède souvent à partir de types idéaux. « Le propre du type idéal est qu'il n'est pas nécessaire d'être en présence de tous ses caractères à la fois en chaque individu de ce type [...] Le type idéal lui-même est un résultat de la compréhension des mobiles, des idées et objectifs des acteurs individuels et des moyens qu'ils emploient[2]. » Ainsi, si l'historien parle de Napoléon, « il doit se référer à des types tels que le chef militaire, le dictateur, le tribun révolutionnaire ; et s'il traite de la Révolution française il doit évoquer des types idéaux tels que révolution, désintégration d'un régime établi, anarchie[3]. » La différence entre le type idéal et la praxéologie est donc clairement établie ici.

Bien entendu, la raison et la science ne peuvent répondre à toutes les questions ; il subsiste toujours une part importante d'in-

1. *L'Action humaine*, *op. cit.*, p. 55.
2. *Ibid.*, p. 65.
3. *Ibid.*, p. 66.

certitude. Les économistes du XIXe siècle ont « entièrement démoli les illusions fantastiques des utopies socialistes. Les déficiences du système classique les empêchaient de saisir pourquoi tout plan socialiste quelconque est nécessairement irréalisable ; mais ils en savaient assez pour démontrer la futilité de tous les projets socialistes formulés jusqu'à leur époque. Les idées communistes n'avaient plus aucun crédit. » Marx, en réponse aux objections des économistes, s'est attaqué à la raison. « Partant du mysticisme dialectique de Hegel, il s'arrogea sereinement pour lui-même la capacité de prédire l'avenir. Hegel prétendait savoir que l'Esprit, en créant l'univers, entendait amener la monarchie de Frédéric Guillaume III. Mais Marx était mieux informé des plans de l'Esprit. Il savait que la Cause finale de l'évolution historique était l'avènement du millenium socialiste[1]. » Dans cette perspective, il s'est donc construit une histoire en l'absence des individus et de leurs intentions. Selon Mises, Marx, pour surmonter les objections que l'on a faites à son système, a pratiqué une sorte de relativisme, en niant notamment l'universalité de la raison. La raison de l'homme, selon Marx, est incapable de trouver la vérité.

Dans cette foulée, Mises critique avec véhémence le relativisme des ethnologues. « Certains ethnologues nous disent que c'est une erreur de parler de civilisations supérieures et inférieures, et d'un prétendu caractère attardé des races étrangères. Les civilisations des diverses races sont différentes de la civilisation occidentale des peuples du tronc caucasien, elles ne lui sont pas inférieures. Chaque race a sa mentalité particulière. Il est fautif d'appliquer à la civilisation d'aucune d'entre elles, des critères tirés des réalisations des autres

1. *L'Action humaine*, *op. cit.*, p. 79.

races[1]. » Les ethnologues ont raison de combattre les jugements de valeur, remarque Mises, mais ils ont tort, poursuit-il, de dire que les individus des sociétés non-occidentales sont guidés par des principes psychologiques différents de ceux des sociétés occidentales.

Mises revient sur une question qui occupe une place importante dans son ouvrage sur le socialisme, à savoir : qu'est-ce qu'une société ? « La société, c'est l'action concertée, la coopération. La société est issue du comportement conscient et intentionnel [...] La société est division du travail et combinaison du travail[2]. » Si Mises s'arrêtait là ce serait, somme toute, banal. S'ensuit donc cette définition, plus précise et plus explicite encore qui se démarque radicalement de la posture que défendent la plupart des sociologues : « Mais la société n'est rien d'autre que la combinaison d'individus pour l'effort en coopération. Elle n'existe nulle part ailleurs que dans l'action d'individus humains. C'est s'abuser que la chercher hors des actions d'individus. Parler d'existence autonome ou indépendante de la société, de sa vie, de son âme, de ses actions, c'est employer des métaphores qui peuvent aisément conduire à des erreurs grossières[3]. » De fait, insiste Mises, « le trait caractéristique de la société humaine est la coopération intentionnelle[4] ».

Dans cette perspective, Mises propose une critique de la « conception holistique et métaphysique de la société » ; et il se trouve, par le fait même, à contester au plan cognitif une partie importante de la production sociologique. Il s'oppose à l'idée selon

1. *L'Action humaine*, *op. cit.*, p. 90.
2. *Ibid.*, p. 151.
3. *Ibid.*, p. 151-152.
4. *Ibid.*, p. 153.

laquelle la société aurait sa vie propre, indépendante des individus qui la composent. Il débouche ainsi sur une définition du libéralisme : « le but du libéralisme est une constitution politique qui assure le fonctionnement sans heurts de la coopération sociale et l'intensification progressive des relations sociales mutuelles[1] ». Dans un chapitre sur la division du travail, Mises nous dit que « l'expérience apprend à l'homme que l'action de la coopération est plus efficace et fructueuse que l'action isolée d'individus autarciques[2] ». La coopération est nécessaire pour que l'homme puisse mener des tâches qu'il ne pourrait accomplir s'il était complètement isolé. D'où la conclusion que l'homme est fondamentalement un être social.

■ La catallactique ou l'élargissement du domaine de l'économie

Pour Mises, le domaine de l'économie doit donc s'étendre au-delà des transactions et des questions relatives au marché. L'action humaine, dit-il, repose à la fois sur des choses matérielles et idéales, que l'économiste ne peut séparer, car elles sont étroitement enchevêtrées.

Mises rejette dans cette foulée l'idée selon laquelle l'agent économique est toujours raisonneur et calculateur. Certes, l'acteur entend « écarter une gêne », mais cela est au demeurant une banalité qui ne touche pas au fondement même du comportement humain. Mises va plus loin encore : « Si la maximisation des profits signifie qu'un

1. *L'Action humaine*, *op. cit.*, p. 162.
2. *Ibid.*, p. 166.

homme, dans toutes les transactions de marché, vise à accroître le plus possible l'avantage qu'il en tire, c'est une circonlocution, une périphrase et un pléonasme. Cela affirme seulement ce qui est impliqué dans la catégorie même de l'agir. Si cela veut dire autre chose, c'est l'expression d'une idée erronée. Quelques économistes croient que c'est la tâche de la science économique que d'établir comment, dans l'ensemble de la société, la plus grande satisfaction de tous les individus, ou du plus grand nombre d'individus, pourrait être atteinte. Ils ne se rendent pas comptent qu'il n'existe aucune méthode qui nous permette de mesurer l'état de satisfaction atteint par les divers individus[1]. »

Chez Mises, la subjectivité de l'agent économique joue un rôle primordial dans la formation des prix. « Ce sont des phénomènes sociaux parce qu'ils résultent de l'interaction des jugements de valeur de tous les individus qui participent au fonctionnement du marché. Chaque individu, lorsqu'il achète ou s'abstient d'acheter, et lorsqu'il vend ou s'abstient de vendre, apporte sa contribution à la formation des prix de marché[2]. » Mais tout ça nous ne le voyons pas, pour parler comme Bastiat, surtout quand le marché est vaste ; c'est pourquoi la formation des prix donne l'impression qu'elle est extérieure aux individus. « Il faut souligner encore que le marché est peuplé de gens qui n'ont pas l'omniscience, mais seulement une connaissance plus ou moins déformée des conditions momentanées[3]. » Ainsi, « la distinction entre biens de production et biens de consommation n'est pas une distinction rigide basée sur les propriétés physiques et

1. *L'Action humaine*, *op. cit.*, p. 256.
2. *Ibid.*, p. 349-350.
3. *Ibid.*, p. 398.

physiologiques des biens en question. Elle dépend de la position des acteurs et des choix qu'ils ont à faire. Les mêmes biens peuvent être considérés comme des capitaux ou des biens de consommation. Une provision de biens propres à une consommation immédiate peut être un capital du point de vue de quelqu'un qui compte sur elle pour sa propre subsistance et celle de travailleurs qu'il a engagés pendant le délai d'attente[1]. »

Finalement, pour Mises, le capital ne se reproduit pas lui-même, pas plus qu'il n'assure lui-même son maintien et son existence ; il est au contraire une notion praxéologique dans toute la force du terme dans la mesure où il fait appel à l'action humaine. « C'est un produit du raisonnement, et son lieu est dans l'esprit des hommes[2]. » Mises récuse ainsi de manière radicale le holisme méthodologique : « le capital est toujours accumulé par des individus ou des groupes d'individus agissant de concert, jamais par l'économie nationale ou la société[3] ». Le concept de capital engage donc l'action, la rationalité et les valeurs des agents économiques.

IV. *THEORY AND HISTORY: AN INTERPRETATION OF SOCIAL AND ECONOMIC EVOLUTION*

Murray Rothbard admirait ce livre qu'il jugeait injustement méconnu[4]. Paru en 1957, Mises y fournissait des développements

1. *L'Action humaine*, *op. cit.*, p. 519-520.
2. *Ibid.*, p. 541.
3. *Ibid.*, p. 542.
4. M. Rothbard, Préface *in* L. von Mises, *Theory and History: An Interpretation of Social and Economic Evolution*, Auburn, Ala., Mises Institute, 1985 (1re éd. 1957), p. ix-xvi.

supplémentaires de sa critique de l'historicisme, du scientisme et du marxisme.

L'ouvrage s'ouvre avec une discussion sur le « dualisme méthodologique ». Philosophe, Mises prend acte du fait que nous ne pouvons connaître comment les faits extérieurs — physique, chimique, physiologique, etc. — affectent nos pensées, nos idées, et nos jugements de valeur. Cette ignorance a pour conséquence de diviser le monde de la connaissance en deux champs séparés : le domaine des événements extérieurs, appelé le monde naturel, et le monde de la pensée et de l'action humaine. Cette question, que l'on trouve en filigrane dans *L'Action humaine*, n'avait été abordée jusque-là que superficiellement par Mises.

■ Problèmes de méthode

Pour le lecteur du milieu du XXe siècle, comme pour celui d'aujourd'hui, *Theory and History* peut apparaître comme un ouvrage démodé, dans la mesure où Mises fait essentiellement référence à des débats anciens, à des théoriciens bien oubliés. N'empêche qu'il soulève des questions fondamentales qui ont gardé toute leur pertinence et leur actualité, notamment celle du déterminisme et du libre-arbitre. Quand la science économique est apparue sur la scène intellectuelle, rappelle Mises, elle a dû faire face à ces questions. Pour les auteurs classiques, la science économique devait simplement adopter les méthodes des sciences de la nature. Telle a été aussi l'ambition du positivisme et du behaviorisme que Mises n'a de cesse de repousser tout au long de son œuvre. Pourquoi ? Parce que, dit-il, il n'y a pas de relations entre les idées et les faits physiques ou chimiques. De plus, et surtout, il est impossible d'établir des régularités s'agissant du comportement humain.

Mises prône donc la rupture de l'unité méthodologique entre les sciences de la nature et les sciences sociales — ou les sciences de l'agir humain. Mais cette rupture implique à ses yeux que la métaphysique ne soit pas rejetée ; de fait, il est convaincu que les positivistes ont tout faux lorsqu'ils l'assimilent à un « non-sens ». Le futur, contrairement aux injonctions positivistes, n'est pas connaissable ; les faits ne sont connus que dans leur passé. « La connaissance de la régularité se réfère exclusivement aux événements passés. Le plus qu'une expérience peut nous enseigner est qu'en tous les cas observés dans le passé il y avait une régularité vérifiable[1]. »

■ Action humaine et jugements de valeur

La question des jugements de valeurs que l'on trouve dans le traité de 1949 est ici l'objet de développements supplémentaires.

Mises rappelle d'emblée que les agents économiques font toujours des choix, et que, fondamentalement, ces choix reposent sur des jugements de valeur.

Les jugements de valeur peuvent être définis comme des « actes mentaux » de la part d'individus concernés. Ils sont volontaires ; ils expriment des émotions, des goûts, des préférences individuelles. Étant subjectifs, ils ne sont donc pas assujettis au verdict de la preuve.

1. L. von Mises, *Theory and History*, *op. cit.*, p. 5.

Pour Mises, tout comme Max Weber du reste, c'est la tâche de l'histoire de comprendre les valeurs des individus, de même que le sens de leurs actions. Il n'incombe donc pas à l'historien, comme on le faisait au temps des romantiques, de faire l'apologie ou de critiquer les valeurs des individus des sociétés passées.

Selon Mises, les praticiens des sciences sociales naissantes se servent souvent de la statistique, surtout à partir du XIXe siècle, pour infirmer le libre-arbitre ; mais le problème, et cette idée est centrale chez les économistes autrichiens, c'est que la statistique, toujours soucieuse de mettre en relief des régularités, devient dans cette perspective un outil qui sert à légitimer le déterminisme.

Une nuance importante s'impose, toutefois : ce que doivent rejeter les sciences de l'action humaine, aux yeux de Mises, ce n'est pas tant le déterminisme — qui est l'établissement de rapports causals — mais la vision positiviste du déterminisme. Ainsi, puisqu'il est impossible de faire des phénomènes sociaux de simples épiphénomènes du monde biologique, physique ou physiologique, cette impossibilité constitue l'originalité même des sciences humaines. La matière historique n'est elle-même intelligible qu'à partir de rapports de cause à effet.

Mises rejette donc en bloc toute interprétation de l'action humaine qui repose sur des forces occultes, dont le freudisme, le darwinisme, le marxisme et le matérialisme. Mais, en tant qu'économiste, il ne faut guère s'en étonner, c'est contre le marxisme qu'il dirige ses attaques les plus soutenues et les plus consistantes. Le marxisme souscrit à l'idée selon laquelle des forces matérielles produiraient la société. Pour Mises, le problème fondamental de la théorie des classes marxiste c'est qu'elle occulte complètement le rôle et la place des individus. Pourquoi, et à partir de quels principes, les individus feraient-ils passer des intérêts de classe avant leurs intérêts personnels ? Question à laquelle Marx ne répond pas de manière satisfaisante. Dès lors, explique Mises, son propos débouche sur une conception erronée de l'idéologie qui apparaît comme un phénomène irrationnel. Les économistes, pour Marx, seraient même au service d'une idéologie dite bourgeoise. Les consciences de classes produisent donc des idéologies de classe, idéologies qui se seraient forgées au cours de l'histoire.

■ Fonction de l'histoire

À l'histoire, Mises assigne une tâche importante : décrire le contexte dans lequel s'inscrit l'action humaine. Il ne propose donc pas une vision désincarnée de l'homme ; au contraire, celui-ci est toujours inscrit dans la durée historique. Ses actions sont guidées par des idées, par des idéologies qu'il a acquises au contact de son environnement. Mais ces idéologies ne sont pas immuables : elles sont le produit de l'esprit humain. L'histoire doit expliquer le sens que donnent les individus à leurs propres situations, à leurs idées, à leurs valeurs.

La philosophie de l'histoire de Marx et de Comte, qui prétend prévoir l'avenir, n'a fourni aucune explication sur les motivations qui guident l'action humaine. Pour Mises, ce déterminisme, qui est fondamentalement différent, voire opposé, de celui qui préside à l'action humaine, est donc à rejeter. Car, dit-il, on ne peut souscrire à l'idée selon laquelle les événements passés et présents déterminent ceux du futur. Il s'agit de ce que Mises appelle un déterministe fataliste (*fatalistic determinism*) qui est bien différent du déterminisme activiste (*activistic determinism*) qui, lui, met au centre l'action de l'homme avec ses forces et ses faiblesses.

Sur cette base, Mises distingue la philosophie de l'histoire et l'histoire : la première cherche à interpréter le devenir humain à partir d'un mouvement irréductible, à partir d'une succession d'étapes ; la seconde est la science de l'individuel, elle met en œuvre les idées, les jugements de valeur des hommes du passé.

La philosophie de l'histoire postule que des forces occultes manipulent les individus à leur insu : les forces productives de Marx, le *Geist* de Hegel, etc. Le marxisme est au fond une négation de l'histoire dans la mesure où il occulte les agents qui entrent ainsi dans un cadre étroit. Dans la vulgate marxiste, les individus deviennent des automates dénudés de rationalité. On limite ainsi l'influence des grands hommes et des événements. L'histoire aurait-elle été différente si, par exemple, Napoléon n'avait pas existé ? Hegel a répondu négativement à cette question : selon lui, un autre homme aurait simplement pris la place qui était à prendre. Mises offre une alternative sérieuse à cette vision holiste de l'histoire : « la véritable histoire de l'espèce humaine, écrit-il, c'est l'histoire des idées. Ce sont les idées qui distinguent les hommes des autres hommes. Les idées engendrent les institutions sociales, les changements politiques, les méthodes de production techniques, et tout ce que l'on appelle les conditions économiques[1]. »

1. *Theory and History*, *op. cit.*, p. 187.

En voulant éliminer les individus et les faits singuliers de l'histoire, explique Mises, les collectivistes en sont venus à proposer une construction chimérique qu'ils appellent « conscience collective » ou « esprit social » (*group mind* ou *social mind*). Durkheim et son école, par exemple, parlent de conscience collective comme s'il s'agissait d'un phénomène complètement extérieur aux individus. Pour eux, ce ne sont pas les individus qui sont les acteurs de l'histoire, mais les groupes. À ce sujet, Mises aime répéter que seuls les individus agissent et pensent. Il est simpliste par exemple de parler d'esprit américain ou français. Chaque Américain ou Français a son propre esprit, différent de celui d'autrui.

Mais, prévient Mises, il ne faut pas confondre l'histoire et l'historicisme : la première, on l'a vu, porte sur les faits et les événements particuliers, le second est une doctrine épistémologique. Autrement dit, l'histoire, et c'est là sa tâche primordiale, met en œuvre une série de phénomènes qui se caractérisent par leur singularité. Pour Mises, il est impossible de dégager des lois générales s'agissant du changement historique. D'où l'échec du darwinisme qui a proposé une interprétation du changement social en termes biologiques ; il ne cherche pas à comprendre le futur. L'historicisme, sous toutes ses formes, s'oppose donc à la praxéologie. « L'auteur de l'Apocalypse, Hegel et, surtout, Marx s'estiment être parfaitement familiers avec les lois de l'évolution historique. Mais la source de leur connaissance n'était pas scientifique ; c'était la révélation d'une voix intérieure[1]. »

Le positivisme, que Mises combat inlassablement, rejette l'introspection et les faits singuliers que l'on trouve tout au long de l'histoire.

1. *Theory and History*, *op. cit.*, p. 214.

Cette doctrine condamne aussi l'économie — puisque cette science met les faits psychologiques et singuliers au centre de ses analyses — et tente aussi de calquer le modèle des sciences naturelles, dont la physique. Auguste Comte, celui qui a inventé le mot positiviste au début du XIXe siècle, pense que la sociologie, qu'il appelle dans ses premiers travaux « physique sociale », doit se construire autour du modèle épistémologique de la physique newtonienne. Par la suite, la seconde génération de positivistes, s'est inspirée davantage de l'épistémologie de la physiologie ; ils ont proposé une explication organistique du social qui apparaît ainsi comme un corps, comme une personne. C'est le cas notamment des durkheimiens qui, dit Mises, rappellent le romantisme du début du XIXe siècle lorsqu'ils traitent de la société comme s'il s'agissait d'une personne. Cette critique peut être rapprochée de celle que Mises adresse au béhaviorisme qui, selon lui, ne s'en tient qu'aux faits observables, qu'aux stimuli. Les faits de conscience, le sens, les idées, les valeurs, tout cela est occulté. « Le béhaviorisme veut observer le comportement humain de l'extérieur et le réduire simplement à une réaction face à une situation donnée[1]. »

Mais il y a plus. Les théories collectivistes sont fausses dans la mesure où elles partent toujours de manière axiomatique d'un antagonisme entre l'individu et la société. Or la société n'est pas une entité en elle-même ; elle résulte de l'action humaine, elle en est en fait un aspect. La société n'est pas pour autant et simplement la somme des individus. Les théories collectivistes nient qu'il existe des individus ; elles rejettent ainsi le concept d'action humaine. C'est

1. *Theory and History, op. cit.*, p. 246.

pourquoi, selon Mises, pour bien comprendre le social il faut nécessairement partir des individus. Pour les collectivistes, les sciences sociales deviennent donc un instrument au service d'un programme politique. Pour eux, les sciences sociales servent à oblitérer la philosophie individualiste. Les statistiques jouent ce rôle. Selon Mises, le social s'explique d'abord et avant tout par l'interaction entre les individus ; Gabriel Tarde, avec ses lois de l'imitation, a de ce fait proposé une explication des phénomènes sociaux plus solide que celle des collectivistes. Les collectivistes critiquent d'ailleurs les historiens auxquels ils reprochent de collectionner les faits individuels.

Il y a une psychologie d'inspiration positiviste, expérimentale qui découle de la physiologie, qui ne tient pas compte des émotions des individus, mais il y a aussi une autre psychologie, que Mises appelle « thymologie » (*thymology*) dont l'objet porte sur les croyances, sur les valeurs et l'environnement social des individus.

Quelle est dès lors la différence entre la « thymologie » et la praxéologie ? La « thymologie » n'a pas de relation spéciale avec la praxéologie et l'économie. La praxéologie ne s'intéresse pas à ce qui se passe dans le cerveau d'un individu lorsqu'il fait des choix. Le fait, par exemple, qu'un homme choisisse un verre d'eau plutôt qu'un verre de vin est un problème qui relève de la « thymologie », et non de la praxéologie ou de l'économie. Pour Mises, la psychologie, telle qu'elle est conçue et pratiquée, est purement et simplement une science naturelle, et non une science de l'action. La « thymologie », elle, est une branche de l'histoire. C'est la « thymologie », qui est une discipline historique, qui va nous expliquer par exemple pourquoi les hommes de telle ou telle époque ont agi de telle ou telle manière plutôt qu'une autre. Elle porte donc sur les choix des individus, et les raisons qui les guident. La « thymologie » ne cherche donc pas à prédire.

L'histoire essaie de décrire les faits tels qu'ils ont réellement été. Ainsi, elle ne doit pas s'attacher, selon ce que l'historien français Paul Lacombe a pu soutenir, à mettre en relief un « homme général », mais à établir des relations entre les faits singuliers et individuels. Selon Mises, l'une des erreurs fondamentales du positivisme historique a été de remettre en question cette vocation traditionnelle qui incombait à l'histoire.

Dans la conclusion de son ouvrage, Mises revient sur l'idée selon laquelle les lois historiques, en raison de leur caractère intuitif, sont nécessairement vouées à l'échec. Certains ont pourtant voulu prédire la marche des faits, c'est le cas de Hegel, de Marx et de Comte. Ils ont eu la prétention de décrire et prédire des étapes d'évolution dont les individus n'avaient même pas conscience. Ils ont procédé par décrets.

À lire la critique que Mises fait de tous ces auteurs, on se prend à regretter qu'il soit resté aussi silencieux sur ceux qui, au milieu du XXe siècle, souscrivaient à une forme ou une autre de déterminisme.

Chapitre III

[Concepts fondamentaux de Ludwig von Mises]

Mises prolonge, voire actualise, le paradigme de l'école autrichienne de deux manières au moins : d'abord en centrant avec précision le concept de rationalité, qu'il place au cœur de la science de l'action humaine qu'il appelle la praxéologie ; ensuite en définissant le libéralisme et le capitalisme, en expliquant dans cette foulée les préjugés que l'on entretient à leur sujet, de même que l'insuffisance des alternatives qu'on leur oppose. Sa théorie des cycles économiques et de la monnaie donne un premier aperçu de la perspective rationaliste qu'il développe dans la plupart de ses travaux.

I. CYCLES ÉCONOMIQUES ET MONNAIE

La théorie des cycles économiques de Mises est présente, parfois à l'état embryonnaire, dès ses premiers travaux dans les années 1910.

Dans les années qui suivent, il l'affine davantage, d'abord dans une série d'articles publiés dans l'entre-deux-guerres[1] puis dans quelques chapitres de *L'Action humaine*.

Dans un article peu connu publié en 1936, Mises réfléchit aux conséquences de la circulation de nouveaux billets[2]. L'effet de ce phénomène, dit-il, est important et immédiat : il a pour conséquence notamment d'étendre le crédit. Mais cela n'est pas sans risque puisque, dans la mesure où l'extension du crédit se fait au-delà des limites tracées par leurs propres disponibilités. Dans un tel cas, les taux d'intérêts sont nécessairement appelés à baisser. Cette baisse a beau stimuler l'activité économique, remarque Mises, mais elle ne le fait pas de manière durable : certaines affaires, par exemple, qui auraient été non rentables alors que les taux d'intérêt étaient élevés sont désormais jugées rentables. Cette activité économique intense, qui repose au fond sur la manipulation des banques, et qui est donc artificielle, va bientôt provoquer de l'inflation. « L'activité plus intense des affaires amène une demande accrue de moyens matériels de production et de main-d'œuvre. Les prix des moyens de production montent, les salaires augmentent, et la hausse des salaires entraîne à son tour celle des prix des biens de consommation. Si les banques s'abstenaient de toute extension du crédit et se bornaient à celle qu'elles ont déjà opérée, la hausse se trouverait rapidement enrayée. Mais les banques ne s'arrêtent point dans la voie où elles se sont engagées ; elles continuent d'étendre le crédit, dans une mesure

1. Voir L. von Mises, *The Causes of the Economic Crisis and Other Essays Before and After the Great Depression*, Auburn, Ala., Mises Institute, 2006 (1re éd. 1978).
2. L. von Mises, « La théorie dite autrichienne du cycle économique », *Bulletin périodique de la Société belge d'études et d'expansion*, 35, 103, déc. 1936, p. 459-464.

de plus en plus large, et les prix ainsi que les salaires continuent à monter dans une mesure correspondante. »

Mises explique qu'il est illusoire de croire que ce mouvement haussier est sans limite : « Les moyens matériels de production et la main-d'œuvre disponible n'ont pas augmenté ; seule a été accrue la quantité des moyens fiduciaires susceptibles de jouer le même rôle que l'argent dans la circulation des biens. Les moyens de production et la main-d'œuvre qui ont afflué aux nouvelles entreprises ont dû, par conséquent, être prélevés sur d'autres entreprises. La société n'est pas suffisamment riche pour subvenir à la création de nouvelles entreprises sans rien prendre à d'autres entreprises. » Mises met ici en lumière les effets psychologiques qui en découlent sur les individus. Une telle inflation est en effet possible, explique-t-il, tant que les individus croient que le mouvement ascendant des prix s'arrêtera prochainement. Garder de l'argent, dans ces conditions, implique donc des pertes. C'est alors que la panique commence à s'installer et que les individus, souhaitant se débarrasser de l'argent, cherchent à se procurer des biens dont ils n'ont pas réellement besoin. La valeur de la monnaie s'effondre donc. C'est d'ailleurs ce qui s'est produit en Allemagne en 1923. Lorsque l'on renverse cette conjoncture, d'autres types de conséquences, aussi néfastes, sont nécessairement appelées à apparaître.

En période de crise, les salaires, qui pourtant augmentent en période de hausse, devraient en principe baisser, mais ce n'est pas ce qui se produit. « En réussissant à empêcher la baisse des salaires en période de dépression, la politique des syndicats aboutit à faire du chômage un phénomène massif et persistant. Elle retarde d'autre part indéfiniment l'heure de la reprise ; la situation normale ne pourra se rétablir en effet que lorsque les prix et les salaires se seront adaptés aux conditions de la circulation monétaire. »

La théorie des cycles économiques trouve sa forme définitive dans *L'Action humaine*, ainsi que Mises l'a lui-même admis.

Très tôt, Mises a compris que les cycles économiques étaient le résultat d'une multitude de décisions et d'actions individuelles. De l'expansion du crédit, par exemple, toute une série d'effets plus ou moins voulus découle de l'addition de la rationalité d'acteurs économiques. Ainsi Mises montre que lorsque le taux d'intérêt baisse artificiellement, le calcul de l'entrepreneur s'en trouve inévitablement falsifié. « Les calculs font que certains projets paraissent profitables et praticables, alors qu'une évaluation correcte, basée sur un taux d'intérêt non manipulé par l'expansion de crédit, les aurait montrés irréalisables. Des entrepreneurs se lancent dans de tels projets. L'activité des affaires est stimulée. Une période d'expansion et de hausse commence[1]. » Les prix tendent alors à augmenter, de même que les salaires. L'optimisme règne, mais il s'agit d'une illusion qui sera bientôt dissipée. Car les entrepreneurs, afin de continuer à produire à une échelle plus grande, auront besoin de fonds supplémentaires puisque les coûts de production sont maintenant plus élevés. Mais, explique Mises, « les entrepreneurs ne peuvent se procurer les fonds dont ils ont besoin pour persister dans leurs desseins. Le taux brut de l'intérêt sur le marché augmente parce que la demande accrue de prêts n'est pas équilibrée par la quantité de monnaie disponible offerte en prêts. Les prix des biens de consommation baissent parce que certains entrepreneurs liquident leurs stocks, et que d'autres

1. L. von Mises, *L'Action humaine*, *op. cit.*, p. 579.

s'abstiennent d'acheter. Le volume des affaires se rétrécit de nouveau. La période d'euphorie s'achève parce que les forces qui l'ont mise en branle n'agissent plus. La quantité additionnelle de crédits de circulation a épuisé son effet sur les prix et les salaires[1]. » C'est là, précisément, que le krach survient. Les banques s'inquiètent alors devant le rythme accéléré du boom et commencent à restreindre l'accès au crédit. « Dès que l'afflux de moyens fiduciaires s'arrête, le château de cartes de l'essor artificiel s'affaisse[2]. »

L'interventionnisme étatique, selon Mises, a été un échec. Il prévoit ainsi que « l'ère de l'interventionnisme touche à sa fin » et que ses « applications ont épuisé toutes ses potentialités, elles sont vouées à disparaître[3] ». En annonçant la fin de l'interventionnisme, Mises formule un souhait qui ne s'est évidemment pas concrétisé. C'est au contraire l'inverse qui s'est produit : l'interventionnisme, loin de s'amenuiser, n'a fait que prospérer depuis la fin de la Deuxième Guerre mondiale. Comme quoi Mises, dont la réflexion relève ici du *wishful-thinking*, ce qui n'est toutefois pas une habitude chez lui, a parfaitement raison de dire que la science économique est incapable de faire des prévisions.

1. *L'Action humaine*, *op. cit.*, p. 580.
2. *Ibid.*, p. 589.
3. *Ibid.*, p. 901.

II. HISTOIRE, MÉTHODE ET ÉPISTÉMOLOGIE DES SCIENCES SOCIALES

Dans la foulée de Menger et de Böhm-Bawerk, Mises propose une lecture de la science économique classique, de même que des sciences sociales et humaines (comme l'histoire, la psychologie et la sociologie), qui témoigne éloquemment de son ambition à fonder un système théorique neuf, articulé autour d'une science de l'action humaine qu'il appelle la praxéologie.

■ Lecture des économistes classiques

À l'évidence, Mises lisait beaucoup, aussi bien les travaux des économistes, que ceux des historiens, des philosophes et de l'ensemble des spécialistes des sciences sociales. Sa connaissance de l'anglais, en plus du français qu'il maîtrisait parfaitement, lui permettait d'avoir accès à une littérature abondante et diversifiée. Dans ses mémoires, il se montre cependant relativement discret sur ses lectures de jeunesse, préférant nous présenter son parcours intellectuel seulement à partir du moment où il entre dans l'âge adulte. Il insiste alors sur l'ampleur de sa dette à l'endroit de Menger et de Böhm-Bawerk, formule quelques critiques, et raconte la sinuosité des rapports qu'il a entretenus avec l'école historique allemande, mais parle peu par exemple de Ricardo, de Smith ou encore des grands auteurs français qui ont pu l'inspirer plus ou moins directement. En filigrane de ses travaux, toutefois, on se fait une idée assez nette de sa position par rapport à celle de ses devanciers.

S'agissant de Karl Marx (1818-1883) et du matérialisme historique, la position de Mises est toutefois particulièrement explicite. Rares sont les livres où il ne s'attaque pas aux inconséquences et à l'utopie de l'auteur du *Capital*. L'idée selon laquelle l'Humanité serait en guerre perpétuelle, que deux classes antagonistes seraient sans cesse destinées à s'affronter jusqu'au triomphe définitif du communisme, est l'objet de vives critiques de la part de Mises. Le marxisme, pour lui, est une idée fausse qu'il faut combattre sans relâche. Il en tirait du reste cette conclusion dans une conférence : « Tout ce qui arrive dans la société mondiale où nous vivons est le résultat des idées. Le bon et le mauvais. Nous devons combattre tout ce qui, dans la vie publique, nous semble mauvais. Nous devons remplacer les idées fausses par des idées justes. Nous devons réfuter les théories qui appuient la violence syndicaliste. Nous devons nous opposer à la confiscation de la propriété, à la manipulation autoritaire des prix, à l'inflation, et à tous ces maux dont nous souffrons[1]. » Les idées fausses, pour Mises, qui se place ici sur le terrain du normatif, deviennent donc fondamentalement des idées antilibérales.

De telles idées, Marx les a incarnées sans doute mieux que quiconque ; et c'est pourquoi, comme on l'a vu dans *Le Socialisme*, Mises va en faire la cible principale de ses attaques. Marx, remarque-t-il, a été « incapable d'étudier les éléments économiques des problèmes sans subir l'influence de considérations politiques ; il observe les rapports sociaux du point de vue de l'agitateur pour qui l'action sur les masses constitue l'essentiel[2] ». Niant l'universalité de

1. L. von Mises, *Politique économique : Réflexions pour aujourd'hui et pour demain*, Paris, Institut Économique de Paris, 1983, p. 110.
2. L. von Mises, *Le Socialisme*, *op. cit.*, p. 532.

la raison, Marx a dès lors défendu l'idée que chaque classe sociale possédait sa propre vision du monde, et que sa rationalité lui était singulière. « La structure logique de l'esprit est différente selon les classes sociales diverses. Il n'existe pas de logique universellement valable. Ce que l'esprit produit ne peut être autre chose qu'une idéologie, c'est-à-dire dans la terminologie marxiste, un ensemble d'idées déguisant les intérêts égoïstes de la classe sociale à laquelle appartient celui qui pense. Donc, l'esprit bourgeois des économistes est entièrement incapable de produire plus qu'une apologie du capitalisme. Les enseignements de la science bourgeoise, rejetons de la logique, ne sont d'aucune utilité pour les prolétaires, la classe montante destinée à abolir toutes classes et à convertir la terre en un Jardin d'Eden[1]. »

Pour Mises, Marx, malgré les prétentions de son matérialisme historique, n'a donc pas fait œuvre de science ; il n'a été finalement qu'un « maître génial de la technique démagogique[2] ».

On connaît moins de choses sur la vision qu'avait Mises de l'économie politique anglaise. S'il n'est pas sans admiration pour les idées libérales que défendent Hume, Smith et Ricardo, il reste critique quant à leur méthode et leur conception de l'économie politique. Souscrivant au subjectivisme de ses devanciers, on sait qu'il rejette par exemple l'idée que la monnaie soit neutre et objective. Toutefois, sa critique de Mill (1806-1873), dont il a subi l'influence pendant ses années de formation, est percutante. « John Stuart Mill est un épigone du libéralisme classique qui, sous l'influence de sa femme,

1. L. von Mises, *L'Action humaine*, *op. cit.*, p. 79.
2. L. von Mises, *Le Socialisme*, *op. cit.*, p. 534.

fit plein de compromis, surtout à la fin de sa vie. Il glissa lentement vers le socialisme et est à l'origine de la confusion insensée des idées libérales et socialistes qui mena au déclin du libéralisme anglais et à la diminution du niveau de vie de la population anglaise[1]. » Ce portrait typiquement autrichien de Mill sera repris quelques années plus tard par Murray Rothbard qui va mobiliser des arguments similaires, en les approfondissant toutefois[2].

Mises parle peu enfin des économistes français, à l'exception de Frédéric Bastiat (1801-1850) pour qui il a toujours de bons mots. Il fut, dit-il, un « brillant styliste » dont la lecture est « un véritable plaisir[3] ». Face au protectionnisme, à l'interventionnisme et à la montée inéluctable du socialisme, l'auteur des *Harmonies économiques* a su s'imposer par la force de ses arguments, laissant ses adversaires sans réponse. Le socialisme a beau sans cesse menacer le capitalisme, il n'en demeure pas moins, et Mises s'en réjouit singulièrement, qu'il n'a pas encore réussi à le détruire complètement, même si la lourdeur des taxes et des impôts l'ont fragilisé. Au total, « ce n'est pas Bastiat qui a échoué, mais Marx et Schmoller[4] ».

Tous les commentaires de Mises s'agissant de l'économie classique ne visent pas à la récuser définitivement, à l'exception du marxisme et du socialisme, mais à secouer la quiétude avec laquelle

1. L. von Mises, *Liberalism*, *op. cit.*, p. 153.
2. M. Rothbard, *Classical Economics: An Austrian Perspective on the History of Economic Thought*, vol. II, Alabama, Ala., Mises Institute, 2006 (1re éd. 1995), p. 277-295.
3. L. von Mises, *Liberalism*, *op. cit.*, p. 155.
4. L. von Mises, « The Myth of the Failure of Capitalism » (1932), in *Selected Writings of Ludwig von Mises*, Indianapolis, Ind., Liberty Fund, 2002, p. 191.

on accepte le rôle et la place de ses principaux praticiens. Mises, en tout cas, joue à merveille le rôle d'empêcheur de tourner en rond.

Cette relecture de l'histoire de la science économique permet donc de définir une posture scientifique et intellectuelle qui se veut originale.

■ Critique des sciences sociales

En voulant renouveler la science économique, Mises a non seulement été amené à discuter des travaux de ses devanciers, mais aussi, et ce fait est moins connu, à préciser sa conception des sciences sociales et humaines voisines de l'économie (ou de la praxéologie). Sa position s'agissant de l'histoire, on l'a vu, est l'objet d'un traitement particulièrement minutieux dans son dernier grand livre. À propos de la psychologie, il a bien fait quelques commentaires, mais il en est resté au niveau des généralités. S'il a, du reste, vivement rejeté la psychologie expérimentale et le béhaviorisme, de même que la psychanalyse, il a en revanche montré l'utilité d'une psychologie du sens commun.

Quant à la sociologie, dont l'essor est important au début du XXe siècle, Mises a soulevé à son sujet des objections importantes, notamment à propos de sa méthode et de sa vision de l'évolution. S'agissant en tout cas du fondateur de la discipline sociologique, Mises n'a pas de mots assez durs : Auguste Comte (1798-1857), écrit-il, « savait avec précision ce que l'avenir réserve au genre humain. Et naturellement, il se considérait comme le législateur suprême. Par exemple, il estimait que certaines recherches astronomiques étaient sans utilité et voulait qu'elles fussent prohibées. Il projetait de remplacer le christianisme par une nouvelle religion et choisit une dame qui dans cette nouvelle église était destinée à remplacer la Vierge. Comte peut être déclaré non coupable, car il était fou au sens entier où la pathologie emploie ce terme[1]. » Au-delà de cette attaque *ad hominem*, au reste fort amusante, Mises reprochera à Auguste Comte d'avoir voulu fonder la sociologie — ou la « physique sociale » — en s'inspirant du modèle des sciences de la nature. S'appuyant sur l'autorité de sciences déjà constituées, il pensait être en mesure de pouvoir dégager des lois sociologiques capables de rattacher le passé avec le présent et l'avenir. D'où son échec lamentable. Ainsi, explique Mises, tout ce que le positivisme a pu dégager comme lois, ce sont des lois conditionnelles, à savoir : si *A* se produit, *B* suivra, mais, et l'essentiel est là, ni Comte ni ses disciples ne disent quoique ce soit à propos de l'émergence de *A*[2]. De fait, conclut Mises, Comte n'a pas contribué à l'avancement des sciences sociales[3].

Au détour d'une phrase ou d'un paragraphe, Mises s'en prend parfois aussi au fondateur de l'école française de sociologie, Émile Durkheim (1858-1917), que l'on présente souvent comme le continuateur de Comte. Mises repousse en fait le concept de conscience collective, de même que la méthode holiste, que l'on trouve au centre de la sociologie durkheimienne. À l'opposé, il se montre parti-

1. L. von Mises, *L'Action humaine*, *op. cit.*, p. 77-78.
2. L. von Mises, *The Ultimate Foundations of Economic Science: An Essay on Method*, Indianapolis, Ind., Liberty Fund, 2006 (1re éd. 1962), p. 58.
3. L. von Mises, *Epistemological Problem of Economics*, Auburn, Ala., Mises Institute, 2003 (1re éd. 1933), p. 4-5.

culièrement sympathique vis-à-vis de Gabriel Tarde (1843-1904) et sa théorie de l'imitation[1].

Dans *Epistemological Problems of Economics* (1933), Mises discute longuement de la contribution épistémologique de Max Weber (1864-1920). Pour Weber, rapporte Mises, l'histoire et la sociologie appartiennent à la même catégorie dans la mesure où leur objet porte sur la culture. Mais si ces deux disciplines s'inscrivent dans une logique similaire, elles ne se confondent pas pour autant : la sociologie élabore des principes généraux tandis que l'histoire se replie dans l'étude des faits individuels. La différence fondamentale entre la sociologie et l'histoire n'en est donc pas une d'objet, mais de degré. Selon Mises, Weber a parfaitement raison de refuser que l'histoire définisse ses principes méthodologiques en s'inspirant du modèle des sciences de la nature. La rupture méthodologique qu'il propose entre les sciences sociales et les sciences naturelles est de fait nécessaire. Mais Max Weber a tort par ailleurs, explique Mises, de considérer la sociologie comme autre chose qu'une science de l'action humaine. C'est du reste la distinction entre les actions rationnelles et les actions irrationnelles que l'on trouve chez l'auteur du *Savant et le politique* qui est repoussée par Mises qui croit, on l'a vu, que toute action est par définition rationnelle.

Par-delà ces quelques différences, Mises et Max Weber partagent plusieurs points en commun qu'il importe de relever, notamment le rejet des modèles collectivistes, le refus de la philosophie de l'histoire et du modèle des sciences de la nature, et, enfin, ils sont tous

1. Cf. L. von Mises, *Theory and History*, *op. cit.*, p. 190 ; p. 261.

deux convaincus que le calcul est impossible dans une économie socialiste.

Quelques années plus tard, refusant d'utiliser le terme « sociologie », Mises dira, parlant de ses propres travaux, qu'il aurait dû employer celui de « praxéologie » pour désigner la science de l'action humaine ; la sociologie ayant échoué à ses yeux à se constituer en science générale. « Ce qui est aujourd'hui généralement appelé sociologie, écrit-il, n'est pas une connaissance théorique, mais historique[1]. »

■ Critique du holisme

Ce qu'on appelle aujourd'hui le holisme, c'est-à-dire les théories qui font des collectivités des masses irréductibles aux individus et aux faits singuliers, a été l'objet de vives critiques dans plusieurs des écrits de Mises. Mais c'est sans doute dans *L'Action humaine* qu'il en propose la critique la plus systématique. Il écrit : « Selon les doctrines de l'universalisme, du réalisme conceptualiste, du holisme, du collectivisme, et de certains représentants de la psychologie structuraliste, la société est une entité qui vit de sa vie propre, indépendante et séparée des vies des divers individus, agissant pour son propre compte, visant à ses fins à elle qui sont différentes des fins poursuivies par les individus. Alors évidemment, un antagonisme peut se présenter entre les fins de la société et celles de ses membres. Afin de sauvegarder l'épanouissement et le développement futur de la société, il devient nécessaire de maîtriser l'égoïsme des indi-

1. L. von Mises, *Notes and Recollection*, *op. cit.*, p. 123.

vidus, de les obliger à sacrifier leurs desseins égoïstes au bénéfice de la société. De ce moment, toutes les doctrines globalisantes sont forcées d'abandonner les méthodes profanes de la science humaine du raisonnement logique, et de virer aux professions de foi théologiques ou métaphysiques[1]. » Le holisme, dans ses méthodes et dans ses intentions, est donc anti-scientifique. Mais il y a plus. D'un point de vue pratique, cela le mène à occulter la subjectivité des acteurs sociaux et à faire de l'État le principal organisateur de la vie sociale. « Une doctrine collectiviste n'affirme pas la suprématie du tout collectif dans l'abstrait ; elle proclame toujours l'éminence d'une idole collectiviste définie, et soit nie platement l'existence d'autres idoles du même genre, soit les relègue dans une position subordonnée et ancillaire par rapport à sa propre idole. Les adorateurs de l'État proclament l'excellence d'un État défini, c'est-à-dire le leur ; les nominalistes, l'excellence de leur propre nation[2]. » Au total, explique Mises, les diverses doctrines collectivistes ou holistes (comme le comtisme, le marxisme, etc.), ont beau diverger et s'opposer les unes aux autres, elles n'en demeurent pas moins étroitement unies dans leur détestation du système libéral.

■ Aux fondements de la praxéologie

Pour Mises, les autres sciences sociales et humaines ont donc échoué dans leur quête de se constituer en sciences générales : l'histoire est trop descriptive, la psychologie n'est qu'un appendice de la physiologie, l'économie propose un modèle insuffisamment

1. L. von Mises, *L'Action humaine*, *op. cit.*, p. 178.
2. *Ibid.*, p. 184.

conforme à la réalité, alors que la sociologie n'est qu'une philosophie de l'histoire sans le nom. Quant à la mathématisation du social et de l'économie, elle s'est avérée à ses yeux un échec[1].

Mises croit que la praxéologie est la véritable science générale autour de laquelle les autres sciences sociales et humaines doivent se constituer. « La praxéologie est indifférente aux buts ultimes de l'action. Ses conclusions valent pour toute espèce d'action quelles que soient les fins visées. C'est une science des moyens, non des fins. » L'homme, à la différence de l'animal, « ajuste ses comportements par délibérations », et non par instinct, car « il n'est pas la marionnette de ses appétits[2] ». Ainsi, « une action non appropriée à la fin poursuivie échoue et déçoit. Une telle action est contraire à l'intention qui la guide, mais elle reste rationnelle, en ce sens qu'elle résulte d'une délibération[3]. »

Mises place ainsi la question de la rationalité au centre de la praxéologie : « L'agir humain est nécessairement toujours rationnel. Le terme action rationnelle est ainsi pléonastique et doit être évité comme tel[4]. » Mises s'oppose donc très nettement ici à ce que Max Weber appelle la rationalité affective. « La science est, et doit être, toujours rationnelle[5]. »

---

1. Voir à ce sujet L. von Mises, « Les équations de l'économie mathématique et le problème du calcul économique et régime socialiste », *Revue d'économie politique*, 52, 4, juil.-août 1938, p. 1055-1062.
2. L. von Mises, *L'Action humaine*, *op. cit.*, p. 17-19.
3. *Ibid.*, p. 23.
4. *Ibid.*, p. 21.
5. *Ibid.*, p. 23-24.

Il ne s'agit pas pour autant, et la position de Mises est particulièrement claire à ce sujet, de réduire étroitement la notion de rationalité, comme le font trop d'économistes, à la rationalité instrumentale. L'intention de Mises est davantage d'élargir la notion de rationalité, non de la restreindre.

De manière plus abstraite, la praxéologie est un mode de connaissance qui repose non pas sur l'expérience mais sur l'apriorisme. Mises parle ici d'apriorisme méthodologique. Les sciences théoriques de l'action humaine, dit-il, ont toujours été aprioristes : « Tout essai pour réfléchir sur les problèmes posés par l'agir humain est nécessairement lié au raisonnement aprioristique[1]. » De fait, la praxéologie est une science déductive. « La connaissance tirée de raisonnements purement déductifs est elle aussi créatrice, et ouvre à notre esprit des sphères jusqu'alors inabordables. La fonction signifiante du raisonnement aprioristique est d'une part de mettre en relief tout ce qui est impliqué dans les catégories, les concepts, les prémisses ; d'autre part, de montrer ce qui n'y est pas impliqué. Sa vocation est de rendre manifeste et évident ce qui était caché et inconnu avant[2]. »

Mises montre donc par là que l'allié indispensable de la science économique ne sont pas les mathématiques, mais la philosophie.

1. L. von Mises, *L'Action humaine*, *op. cit.*, p. 45.
2. *Ibid.*, p. 42-43.

III. CONCEPTS ET SYSTÈMES ÉCONOMIQUES

Mises, on l'a vu, récuse avec véhémence la philosophie de l'histoire. Mais cela ne veut pas dire pour autant qu'il repousse l'idée de progrès et qu'il croit que les sociétés sont stationnaires. Si l'idée d'une fin de l'histoire, telle qu'annoncée par les doctrinaires socialistes, lui semble inconcevable, il pense que le libéralisme et le capitalisme président au bien-être collectif dont les limites sont impossibles à atteindre. Par là, il démystifie d'importantes idées reçues.

Quels sont dès lors les arguments que Mises mobilise en faveur du libéralisme et du capitalisme ? Et en quoi, finalement, l'interventionnisme est-il à la longue impraticable ?

■ La supériorité du libéralisme sur le socialisme

C'est surtout dans les années 1920 que Mises fournit le plus de renseignements s'agissant de sa propre conception du libéralisme. En plus de son ouvrage sur le socialisme, en 1922, où il consacre à cette question des développements importants — afin de démontrer la supériorité intellectuelle du libéralisme sur le socialisme —, il y revient de manière systématique dans *Liberalismus*, en 1927.

Pour Mises, l'une des qualités essentielles du libéralisme est qu'il est fondamentalement réaliste : il n'esquisse pas les plans d'une société idéale, il tente seulement d'expliquer les besoins et les désirs des acteurs sociaux. Malgré la logique des explications du monde qu'il est à même de fournir, le libéralisme est souvent repoussé dans plusieurs pays européens.

En dehors de l'Angleterre, remarque Mises avec dépit, le terme « libéralisme » est pratiquement proscrit. Certes, il existe des libéraux de l'autre côté de la Manche, mais ils ne le sont que de nom. En fait, il « s'agit plutôt de socialistes modérés ». Partout, l'antilibéralisme semble avoir gagné la partie. « L'antilibéralisme se dirige vers un effondrement général de la civilisation[1]. » Selon Mises, la richesse doctrinale du libéralisme tient dans le fait qu'il tente de mettre « en application les enseignements de la science à la vie sociale de l'homme[2] ». C'est pourquoi il prédit que « toutes les théories sociales antilibérales devaient nécessairement ou rester fragmentaires ou aboutir aux conclusions les plus absurdes. En reprochant au libéralisme de n'avoir en vue que des intérêts terrestres, de négliger des biens plus élevés pour ne s'occuper que de l'effort quotidien, elles enfoncent des portes ouvertes. Le libéralisme n'a jamais voulu être plus qu'une philosophie de la vie terrestre. Ce qu'il enseigne ne concerne que les faits et gestes de ce bas monde. Il n'a jamais prétendu épuiser les suprêmes secrets des hommes[3]. » C'est, du reste, la conception libérale de la vie sociale qui est à l'origine de la division du travail. Marx avait la naïveté de croire que « la société socialiste sera en mesure de faire une répartition correspondant exactement aux besoins de chaque individu[4] ».

Mais, chez Mises, on l'a vu, ce rejet du marxisme s'inscrit plus largement dans le cadre d'une critique du collectivisme. L'idée qu'il existerait une société en soi, distincte des individus qui la composent

1. L. von Mises, *Liberalism*, *op. cit.*, p. xviii.
2. *Ibid.*, p. xix.
3. L. von Mises, *Le Socialisme*, *op. cit.*, p. 51.
4. *Ibid.*, p. 66.

est parfaitement chimérique. « En faisant de cet être mystérieux un dieu qu'une imagination déréglée pare de toutes les qualités et purifie de toutes les scories, un dieu auquel on se déclare prêt à tout sacrifier, le collectivisme entend rompre tous les liens qui relient la pensée sociologique à la pensée scientifique [...] C'est que le collectivisme n'est point issu d'une nécessité scientifique, mais uniquement des besoins politiques[1]. » En outre, le collectivisme (ou le socialisme) idéalise la société en lui donnant une rationalité singulière, extérieure aux individus dont elle est composée.

Or, pour Mises, et ce point est fondamental, il n'y a pas d'opposition entre les intérêts de la société et les intérêts des individus. Si tel était le cas, toute collaboration entre les individus serait impossible. Le collectivisme, dans ses formes diverses, est donc asocial. « Aussi la conception collectiviste de l'histoire, qui est complètement asociale, ne peut-elle se représenter la formation des groupes sociaux que comme le résultat dû à l'initiative d'un modeleur du monde dans le genre du démiurge platonicien. Ses instruments sont dans l'histoire les héros, qui amènent les hommes récalcitrants là où il entend les mener. La volonté de l'individu est ainsi brisée. L'individu qui voudrait vivre pour lui seul est contraint par les lieutenants de Dieu sur terre à obéir à la loi morale, qui dans l'intérêt et pour le développement futur de la communauté exige de lui le sacrifice de son bien-être[2]. » Mises pense au contraire qu'à l'intérieur de la société les intérêts des individus, même s'ils sont évidemment différents, se concilient ; c'est pourquoi il ne voit point d'opposition entre la société et les individus.

1. L. von Mises, *Le Socialisme*, *op. cit.*, p. 70-73.
2. *Ibid.*, p. 73.

Quant à la question de l'égalité, Mises soutient que « dans sa défense du principe d'égalité le libéralisme s'inspire donc de principes d'opportunité tout à fait prosaïques [...] L'égalité, telle que l'entend le libéralisme, est l'égalité devant la loi. Jamais il n'en a eu d'autres en vue[1]. »

Du reste, Mises affirme que « les hommes sont absolument inégaux. Même entre frères apparaissent des différences considérables, tant au plan physique qu'intellectuel. Les créations de la nature ne se répètent jamais[2]. » Il n'en demeure pas moins que devant la loi, et ce principe est largement admis par l'ensemble des libéraux, tous les individus doivent être égaux. Mais, explique Mises, les socialistes ne se contentent pas de l'égalité devant la loi ; ils demandent aussi l'égalité des revenus, ce qui est du reste parfaitement inacceptable.

Sur cette base, Mises justifie le fait qu'une minorité d'individus puisse posséder des objets de luxe. « Le luxe est une façon de vivre qui tranche avec celle de la majorité. L'idée qu'on se fait du luxe est relative à une époque [...] Il y a trente-cinq ans, il n'y avait pas d'automobiles ; il y a vingt ans, la possession d'un tel véhicule est le signe d'un mode de vie particulièrement luxueux ; aujourd'hui, l'ouvrier américain a sa propre Ford. Ainsi va l'histoire économique : le luxe d'aujourd'hui est le besoin de demain[3]. » Les inégalités sont donc acceptables, dans la mesure seulement où elles sont représentatives des inégalités physiques et intellectuelles des individus. Le libéralisme, pour Mises, n'est donc pas de l'anarchisme. Pour qu'une

1. L. von Mises, *Le Socialisme*, *op. cit.*, p. 87.
2. L. von Mises, *Liberalism*, *op. cit.*, p. 9.
3. *Ibid.*, p. 13.

société fonctionne, l'État doit être en mesure d'imposer certaines contraintes. Contrairement à une idée reçue, le libéralisme n'est pas hostile à l'État, mais il souhaite en limiter l'action à la protection de la propriété.

Au total, dit Mises, qui n'est pas éloigné sur ce point des utilitaristes, le libéralisme ne vise qu'une chose : réduire la souffrance et augmenter le bonheur des individus.

■ Pourquoi le socialisme ne peut-il pas fonctionner ?

À l'inverse du libéralisme, le socialisme propose une société désordonnée, amorale, sans contrainte. Il ouvre la voie à la médiocrité et à la destruction. Tel est le propos que l'on trouve au centre de la conclusion du livre que Mises consacre à la question du socialisme. « Le socialisme n'est pas en réalité ce qu'il prétend être. Il n'est pas le pionnier qui fraie les voies à un avenir meilleur et plus beau ; il est le destructeur de tout ce qu'ont péniblement créé des siècles de civilisation. Il ne construit pas, il démolit. S'il venait à triompher, on devrait lui donner le nom de "destructionisme", car son essence est la destruction. Il ne produit rien, il se borne à dissiper ce qu'a créé la société fondée sur la propriété privée des moyens de production[1]. »

Face aux inconséquences du socialisme et du marxisme, il s'agit donc, pour Mises, comme on l'a vu, de montrer et de rappeler la pertinence et la force des idées libérales. Le libéralisme n'a pas pour but de défendre « les intérêts de classe des possédants [...] Le libé-

1. L. von Mises, *Le Socialisme*, *op. cit.*, p. 530.

ralisme exige la propriété privée, non dans l'intérêt des possédants, mais dans l'intérêt général ; il part de cette idée que le maintien de l'organisation sociale capitaliste est conforme non seulement à l'intérêt des possédants mais à l'intérêt de tous les membres de la société[1]. » De fait, « le libéralisme est une politique de l'intérêt général, ce qui ne signifie pas qu'il exige que l'individu sacrifie ses intérêts personnels ; il lui demande seulement de tenir compte de la nécessité de créer une harmonie tous les intérêts particuliers qui doivent se fondre dans l'intérêt général[2]. »

Finalement, Mises croit que ne sont pas les erreurs du socialisme qui vont en venir à bout, mais les idées, c'est-à-dire les idées libérales. Sur cette base, il distingue le socialisme du libéralisme. « Le libéralisme et le capitalisme s'adressent à la froide raison, et progressent selon la stricte logique, en écartant délibérément tout appel au sentiment. Le socialisme, au contraire, cherche à agir en suscitant des passions ; il essaie de faire violence à la réflexion logique en excitant le sens de l'intérêt personnel et de couvrir la voix de la raison en éveillant les instincts les plus primitifs[3]. » Mises demeure néanmoins optimiste quant au dénouement de la lutte des idées qui est bien engagée entre le libéralisme et le socialisme.

■ Éloge du capitalisme

Utilisé à des fins essentiellement polémiques par les socialistes, dont Karl Marx, le mot « capitalisme » a été l'objet de nombreuses

1. L. von Mises, *Le Socialisme*, *op. cit.*, p. 581.
2. *Ibid.*, p. 584-585.
3. *Ibid.*, p. 588-589.

interprétations erronées quant à ses fondements et surtout quant à ses effets.

Pour Mises, le véritable progrès matériel et intellectuel passe essentiellement par le développement du capitalisme. « Il y a deux cents ans, avant l'avènement du capitalisme, écrit-il, le statut d'un homme était fixé du début à la fin de sa vie ; il l'héritait de ses ancêtres et n'en changeait jamais. S'il était né pauvre, il restait pauvre toujours, et s'il était né riche — aristocrate ou grand seigneur — il conservait son titre nobiliaire et les propriétés attenantes, sa vie durant[1]. » Pour Mises, il n'est pas douteux que le capitalisme a non seulement favorisé la mobilité sociale, mais il a aussi largement contribué à améliorer les conditions de vie en général. Il y avait, par exemple, davantage de pauvres dans l'Angleterre du XVIIIe siècle que dans celle du XIXe. Le capitalisme est donc né d'un désir de la part d'individus de mettre fin au cercle de la pauvreté. Ils se sont ainsi organisés de manière à « mettre sur pied de modestes ateliers où l'on pouvait fabriquer quelque chose. Ce fut là une innovation. Ces innovateurs ne produisaient pas des articles coûteux qui ne conviendraient qu'aux gens aisés ; ils fabriquèrent des marchandises à meilleur marché pour les besoins de tout le monde. Et ce fut l'origine du capitalisme tel qu'il fonctionne maintenant. C'était le début de la production de masse, principe fondamental de l'industrie capitaliste[2]. » Le capitalisme vise à satisfaire les besoins sans cesse grandissants de la masse. Au cœur du capitalisme est inscrite la notion de liberté ; cela signifie, pour Mises, qu'un ou des individus ont le droit de proposer un produit susceptible de concurrencer une entreprise

1. L. von Mises, *Politique économique*, *op. cit.*, p. 1.
2. *Ibid.*, p. 3.

ou une compagnie et de la placer dans une situation précaire. Ainsi, « aux États-Unis la concurrence faite aux chemins de fer — sous forme d'autocars, d'automobiles, de camions, et d'avions — a porté des coups sévères aux chemins de fer, et les a presque complètement supplantés en ce qui concerne le transport de passagers[1] ».

Il n'en demeure pas moins qu'en dépit de tout ce qu'il a apporté de positif, le capitalisme a été et continue d'être l'objet de vives critiques. Mises explique que l'origine de la détestation du capitalisme, ce qu'il appelle par ailleurs la « mentalité anti-capitaliste[2] », n'a pas pris naissance au sein des travailleurs, mais parmi l'aristocratie terrienne. Et la raison n'est pas accidentelle, car c'est elle au fond qui a subi le plus durement et le plus directement la concurrence d'un régime qui payait des salaires plus élevés à ses travailleurs agricoles.

Mises propose donc de réinterpréter l'histoire du capitalisme — en la vidant notamment de ses mythes les plus redoutables. « La vieille et célèbre histoire, répétée des centaines de fois, donnant à croire que les usines employaient des femmes et des enfants, qui auraient eu des conditions d'existence décentes avant d'être employés en usine, est l'une des plus grandes falsifications de l'histoire. Les mères qui venaient à l'usine n'avaient rien pour faire la cuisine [...] Et les enfants n'étaient pas sortis de confortables nurseries. Ils étaient en train de mourir de faim[3]. »

1. L. von Mises, *Politique économique*, *op. cit.*, p. 5.
2. Cf. L. von Mises, *The Anti-Capitalistic Mentality*, Indianapolis, Ind., Liberty Fund, 2006 (1re éd. 1956).
3. L. von Mises, *Politique économique*, *op. cit.*, p. 7.

Les socialistes ne sont donc pas parvenus, selon Mises, à expliquer, à partir d'arguments solides, pourquoi le capitalisme était destiné à s'éteindre.

On pense souvent, à tort selon Mises, que, concernant le capitalisme, l'épargne ne favorise pas la croissance économique, mais qu'elle contribue au contraire à la faire stagner. Lorsqu'un individu, par exemple, décide qu'il est préférable pour lui de confier son argent à la banque plutôt que de le dépenser, il prend une décision qui a des conséquences positives sur l'économie en général. L'argent qu'il confie au banquier ou à un homme d'affaires permet à ce dernier de lancer un projet qui était auparavant irréalisable. Avec ce nouveau capital mis à sa disposition, explique Mises, il va de ce fait embaucher des travailleurs et acheter des matières premières. « Ce faisant, il va déclencher d'autres demandes de main-d'œuvre et de matériaux, et parallèlement une tendance à la hausse pour les salaires et les prix des produits concernés. Bien longtemps avant que l'épargnant ou l'entrepreneur ne recueillent un profit quelconque de tout cela, le travailleur qui cherchait de l'emploi, le producteur de matières premières, l'agriculteur, le salarié, tous profitent du fait que de l'épargne a été constituée[1]. » Contrairement à ce que Marx prétendait, les ouvriers ne s'appauvrissent donc pas dans le système capitaliste.

1. L. von Mises, *Politique économique*, *op. cit.*, p. 12.

■ Les limites de l'interventionnisme

Dans la foulée de sa critique du socialisme, Mises s'est longuement attaché à mettre en relief les limites de l'interventionnisme.

Il précise d'emblée que ce que l'on appelle l'économie mixte ne doit pas être confondu avec l'interventionnisme[1]. Un gouvernement dit interventionniste va bien au-delà de son rôle principal qui consiste à protéger la propriété et à assurer le maintien de l'ordre ; il a en effet « l'intention de modifier le cours des phénomènes de marché ». En cela, « il fausse les prix, les taux de salaires, les taux d'intérêts, et les profits[2] ». Le gouvernement s'octroie ainsi du pouvoir, aux dépens des consommateurs. Afin de bien illustrer les conséquences de l'interventionnisme, Mises prend le cas de la réglementation des loyers. « Lorsqu'un gouvernement fixe les loyers, la première conséquence est que les gens qui auraient déménagé pour un appartement moins vaste lorsque le nombre de personnes vivant au foyer changeait, ne le feront plus désormais. Par exemple, pensez à ces parents dont les enfants quittaient la maison quand ils devenaient adultes, se mariaient ou allaient travailler dans d'autres villes. De tels parents jadis changeaient de logement, en louaient de plus petits et moins chers. Ce ne fut plus nécessaire lorsque le contrôle des loyers fut instauré. » Il en résultait que la construction de maisons neuves était pratiquement inexistante. La disette de logements devenait donc inévitable. La construction de logements sociaux produit du reste des effets analo-

1. L. von Mises, *Critique of Interventionism*, Irvington-on-Hudson, N.Y., The Foundation for Economic Education, 1996 (1re éd. 1929), p. 2 et s.
2. L. von Mises, *Politique économique*, *op. cit.*, p. 41-42.

gues. Lorsque le gouvernement s'impose de la sorte dans le marché, conclut Mises, « il est progressivement poussé vers le socialisme[1] ».

Cet exemple montre très bien qu'une économie mixte ou un tiers système (ce qu'on appelle aujourd'hui la « troisième voie »), entre le capitalisme et le socialisme, ne peut fonctionner. Le gouvernement ne peut à la fois défendre la propriété, d'une part, et adopter, d'autre part, une série de mesures qui sont défavorables à son développement.

Pour freiner la marche de ce « gouvernement paternel », il n'existe, selon Mises, qu'un seul remède et « ce remède, dit-il, est le pouvoir des citoyens ; il faut qu'ils empêchent de s'établir un régime autocratique de cette sorte-là, qui s'arroge pour lui-même une sagesse supérieure à celle du citoyen ordinaire. Telle est la différence fondamentale entre la liberté et la servitude[2]. »

1. L. von Mises, *Politique économique*, *op. cit.*, p. 52-53.
2. *Ibid.*, p. 57.

[Conclusion]

En 1940, alors qu'il vient de s'installer aux États-Unis pour fuir le nazisme, Ludwig von Mises se décrit lui-même dans son récit autobiographique comme « l'historien du déclin » d'une grande civilisation[1]. Il y a, dans cette confession, une ironie et un pessimisme que le contexte de l'époque rend parfaitement compréhensible. Si Mises est bien autre chose qu'un simple « historien du déclin », il n'en reste pas moins que plusieurs de ses écrits portent la marque d'une conjoncture singulière, marquée au premier chef par la montée du bolchevisme et du totalitarisme. Mais l'histoire, ici comme ailleurs, n'offre qu'un cadre de référence, elle n'explique pas les intentions fondamentales d'une œuvre et les motivations qui l'ont guidée. Pour apprécier l'œuvre de Mises, et pour saisir la place qu'elle occupe dans l'histoire de la science économique, il faut examiner ce qui en constitue l'essentiel, c'est-à-dire sa théorie de l'agir humain. Cette théorie, on l'a vu, appartient à un mouvement d'idées dont les travaux de Menger et de Böhm-Bawerk constituent des étapes importantes.

Le thème fondamental est que l'action humaine est, en tout temps et en tout lieu, rationnelle. Le projet théorique de Mises, même s'il met en relief d'importants mécanismes psychologiques, ne relève pas à proprement parler de la psychologie, mais d'une science

1. L. von Mises, *Notes and Recollections*, *op. cit.*, p. 115.

nouvelle qu'il appelle un peu pompeusement « praxéologie ». Le mot est nouveau (du moins dans la reformulation que Mises entend lui donner), mais l'idée qu'il exprime, elle, ne l'est pas. Écoutons Mises, une dernière fois, s'exprimer à ce sujet : « La praxéologie en général et en particulier l'économie et la catallactique n'affirment ni ne supposent que l'homme soit libre en quelque sens métaphysique que l'on attache au mot liberté. L'homme est inconditionnellement soumis aux conditions naturelles de son milieu. Lorsqu'il agit, il lui faut s'ajuster à l'inexorable régularité des phénomènes naturels. C'est précisément parce que sont rarement réunies les conditions naturelles de son bien-être, que l'homme est soumis à la nécessité d'agir[1]. » La praxéologie ne s'intéresse donc pas aux individus isolés, désincarnés, mais bien aux individus en tant qu'êtres sociaux.

Cette science, qui est l'objet d'un traitement élaboré dans *L'Action humaine* est non seulement fondamentale dans le développement intellectuel de Mises, mais elle l'est également dans l'évolution, voire dans la survie, de l'école autrichienne[2].

Comment, dès lors, Ludwig von Mises s'inscrit-il dans l'histoire de cette école ? S'il est indéniable qu'il appartient à la lignée de Menger et de Böhm-Bawerk, il n'en est pas pour autant un continuateur parfaitement orthodoxe. Bien au contraire. Ainsi il est clair que, dès son ouvrage de 1912, Mises propose une théorie originale de la monnaie qui reformule et affine celle de Menger en centrant l'analyse sur le choix. Ce n'est pas sans raison du reste si Murray Rothbard

1. L. von Mises, *L'Action humaine*, *op. cit.*, p. 682.
2. Voir J. M. Herbener, « Ludwig von Mises and the Austrian School of Economics », *in* E. W. Younkins, *Philosophers of Capitalism: Menger, Mises, Rand and Beyond*, *op. cit.*, p. 155-171.

présente Mises non seulement comme le chef de file de la troisième génération d'économistes autrichiens, mais comme le fondateur de l'école néo-autrichienne, alors que Friedrich Hayek, quant à lui, parle d'une « école misésienne[1] ». Il est certain, en tout cas, que Mises demeure aujourd'hui un guide exemplaire dans le travail de reconstruction de l'histoire de la pensée économique du XXe siècle.

1. F.A. Hayek, « Foreword », *in* L. von Mises, *Socialism*, *op. cit.*, p. xxii.

[Repères chronologiques]

Mises, vie et œuvre		Événements importants
Naissance de Ludwig von Mises le 29 septembre	**1881**	
	1883	Naissance de Richard von Mises
	1900	Georg Simmel : *Philosophie de l'argent*
	1905	Théorie de la relativité d'Albert Einstein
Mises obtient son doctorat en droit	**1906**	
Mises est embauché à la chambre de commerce de Vienne	**1907**	
The Theory of Money and Credit	**1912**	
Nommé *Privatdozent* à l'université de Vienne	**1913**	
	1914	Début de la Première Guerre mondiale
	1918	Fin de la guerre
	1919	Traité de Versailles
	1921	Max Weber : *Économie et société*

Le Socialisme	**1922**	
	1924	Crise économique en Autriche
	1925	Fritz Machlup : *The Gold Exchange Standard*
Liberalism	**1927**	
	1929	Krach boursier et début de la crise économique
	1933	New Deal rooseveltien
	1934	Karl Popper : *La Logique de la découverte scientifique*
Mises devient professeur à l'Institut universitaire des hautes études internationales à Genève et épouse Margit Serény	**1938**	
	1939	Début de la Deuxième Guerre mondiale
Nationalökonomie	**1940**	
	1941	Entrée en guerre des États-Unis
Omnipotent Government ; *Bureaucracy*	**1944**	Friedrich Hayek : *La Route de la servitude*
Mises devient *Visiting professor* à la New York University	**1945**	Fin de la Deuxième Guerre mondiale Karl Popper : *La Société ouverte et ses ennemis*
Mises devient citoyen américain	**1946**	

	1947	Début de la guerre froide Fondation en Suisse de la Société du Mont-Pèlerin
L'Action humaine	**1949**	
	1953	Décès de Richard von Mises
Theory and History	**1957**	
The Ultimate Foundations of Economic Science	**1962**	Crise des missiles à Cuba
Ludwig von Mises meurt à New York le 10 octobre	**1973**	

[Glossaire spécifique]

Action humaine : Mises part du principe que toute action humaine ne peut s'expliquer que d'un point de vue rationaliste.

Capitalisme : Concept économique relatif à la propriété privée et aux moyens de production.

Catallactique : Théorie relative au marché d'échange dont le point de départ sont les actions des agents économiques.

Déduction : Raisonnement qui part du général (ou de l'universel) comme prémisse fondamentale à l'analyse scientifique. L'école autrichienne propose une démarche qui repose sur la démarche déductive.

École autrichienne (d'économie) : École qui gravite autour d'un groupe d'économistes qui ont développé une théorie subjectiviste appliquée à divers problèmes économiques (monnaie, valeur, etc.). Son fondateur, Carl Menger (1840-1921) publie en 1871 ses *Principes de science économique* qui marquent l'acte de naissance de l'École. Menger sera suivi de Eugen Böhm-Bawerk (1851-1914), de Friedrich von Wieser (1851-1926), de Ludwig von Mises (1881-1973), de Friedrich A. Hayek (1899-1992) puis de Murray N. Rothbard (1926-1995).

École historique : Fondée au XIXe siècle en Allemagne, cette école défend l'idée selon laquelle l'étude de l'histoire est la source principale de connaissance des phénomènes économiques. Elle entend alors démontrer que l'économie peut se développer essentiellement à partir d'une collection de faits et de données statistiques.

Égalitarisme : Cette doctrine part du principe que tous les hommes sont égaux et que, de ce fait, les inégalités de revenus sont le résultat de l'exploitation des masses par les capitalistes.

Épistémologie : Théorie de la connaissance.

Holisme : Concept collectiviste qui réduit le comportement des individus à des forces sociales.

Idéologie : Doctrine qui s'intéresse principalement à l'organisation politique de la société.

Individualisme méthodologique : Principe selon lequel toute action est accomplie par des individus. « Une collectivité agit toujours par l'intermédiaire d'un ou plusieurs individus dont les actes sont rapportés à la collectivité comme à leur source secondaire. C'est la signification que les individus agissants, et tous ceux qui sont touchés par leur action, attribuent à cette action, qui en détermine le caractère » (*L'Action humaine*, p. 47).

Praxéologie : Ce terme n'a pas été introduit par Alfred Espinas (1890), mais par Louis Bourdeau, dans son ouvrage *Théorie des sciences* (1882), qui le définit alors comme la « science des fonctions ». Mises lui donne une nouvelle signification dans son traité de 1949 en le définissant comme la science de l'action humaine.

Socialisme : Selon Mises, le socialisme est « le passage des moyens de production de la propriété privée à la propriété de la société organisée, de l'État. L'État socialiste est propriétaire de tous les moyens de production matériels et partant, le dirigeant de la production générale » (*Le Socialisme*, p. 60).

Théorie classique de la valeur : Cette théorie, développée par Adam Smith puis par David Ricardo, postule que la valeur d'un bien sur le marché est déterminée par la quantité de travail nécessaire à sa production.

Type idéal : Concept général introduit par Max Weber qui sert de guide pour élaborer des hypothèses. Il se veut un moyen pour saisir les relations entre des phénomènes concrets.

[Bibliographie sélective]

I. LIVRES DE LUDWIG VON MISES

- *The Theory of Money and Credit*, Indianapolis, Ind., Liberty Fund, 1981 (1re éd. allemande 1912).
- *Nation, State, and Economy: Contributions to the Politics and History of our Time*, Indianapolis, Ind., Liberty Fund, 2006 (1re éd. allemande, 1919).
- *Le Socialisme : Étude économique et sociologique*, Paris, Librairie de Médicis, 1952 (1re éd. allemande 1922).
- *Liberalism: The Classical Tradition*, Indianapolis, Ind., Liberty Fund, 2005 (1re éd. allemande 1927).
- *Critique of Interventionism*, Irvington-on-Hudson, N.Y., The Foundation for Economic Education, 1996 (1re éd. allemande, 1929).
- *Espistemological Problems of Economics*, Auburn, Ala., Ludwig von Mises Institute, 2003 (1re éd. allemande 1933).
- *Interventionism: An Economic Analysis*, Irvington-on-Hudson, N.Y., The Foundation for Economic Education, 1998 (1re éd. 1940).
- *Notes and Recollections*, Spring Mills, Penn., Libertarian Press, 1978 (1re éd. 1940).
- *Bureaucracy*, Indianapolis, Ind., Liberty Fund, 2007 (1re éd. 1944).
- *Omnipotent Government: The Rise of the Total State and Total War*, Grove City, Penn., Libertarian Press, 1985 (1re éd. 1944).

- *Planned Chaos*, Irvington-on-Hudson, N.Y., The Foundation for Economic Education, 1977 (1re éd. 1947).
- *L'Action humaine : Traité d'économie*, Paris, Presses universitaires de France, 1985 (1re éd. anglaise 1949).
- *The Anti-Capitalistic Mentality*, Indianapolis, Ind., Liberty Fund, 2006 (1re éd. 1956).
- *Theory and History: An Interpretation of Social and Economic Evolution*, Auburn, Ala., The Ludwig von Mises Institute, 1985 (1re éd. 1957).
- *The Ultimate Foundation of Economic Science*, Indianapolis, Ind., Liberty Fund (1re éd. 1962).
- *The Historical Setting of the Austrian School of Economics*, Auburn, Ala., The Ludwig von Mises Institute, 1984 (1re éd. 1969).

■ Livres posthumes de Ludwig von Mises

- *The Causes of the Economic Crisis and Other Essays Before and After the Great Depression*, Auburn, Ala., The Ludwig von Mises Institute, 2006 (1re éd. 1978).
- *Politique économique : Réflexions pour aujourd'hui et pour demain*, Paris, Institut économique de Paris, 1983 (1re éd. anglaise 1979).
- *Money, Method, and the Market Process*, Dordrecht, Kluwer Academic Publishers, 1990.
- *The Free Market and Its Ennemies: Pseudo-Science, Socialism, and Inflation*, Irvington-on-Hudson, N.Y., Foundation for Economic Education, 2004.
- *Marxism Unmasked: from Delusion to Destruction*, Irvington-on-Hudson, N.Y., Foundations of Freedom, 2006.

II. TRAVAUX SUR LUDWIG VON MISES

- Hülsmann, Jörg Guido, *Mises: The Last Knight of Liberalism*, Auburn, Ala., The Ludwig von Mises Institute, 2007.
- Kirzner, Israel, *Ludwig von Mises: The Man and his Economics*, Willmington, ISI Books, 2001.
- Mises, Margit von, *My Years with Ludwig von Mises*, Auburn, Ala., The Ludwig Mises Institute, 2007 (1re éd. 1976).

III. TRAVAUX SUR L'ÉCOLE AUTRICHIENNE

- Aimar, Thierry, *Les Apports de l'école autrichienne : subjectivisme, ignorance et coordination*, Paris, Vuibert, 2005.
- Caldwell, Bruce, *Hayek's Challenge: An Intellectual Biography of F.A. Hayek*, Chicago, University of Chicago Press, 2004. Voir surtout le premier chapitre : « The Austrian School and its Opponents – Historicists, Socialists, and Positivists », p. 17-130.
- Campagnolo, Gilles, *Carl Menger, entre Aristote et Hayek : aux sources de l'économie moderne*, Paris, CNRS Éditions, 2008.
- Holocombe, Randall G., *Fifteen Great Austrian Economists*, Auburn, Ala., Ludwig von Mises Institute, 1999.
- Hayek, *Friedrich A., The Fortunes of Liberalism: Essays on Austrian Economics and the Ideal of Freedom*, Indianapolis, Ind., Liberty Fund, 1992.
- Hülsmann, Jörg Guido, « L'école autrichienne à la fin du XIXe et au début du XXe siècle », *in* Philippe Nemo et Jean Petitot, *Histoire du libéralisme en Europe*, Paris, Presses universitaires de France, 2006, p. 1033-1065.

- Kirzner, Israel (éd.), *Method, Process, and Austrian Economics: Essays in Honor of Ludwig von Mises*, Massachusetts, Toronto, Lexington Books, 1983.
- Vaughn, Karen I., *Austrian Economics in America: The Migration of a Tradition*, Cambridge, Cambridge University Press, 1994.
- Younkins, Edward W., *Philosophers of Capitalism: Menger, Rand, and Mises*, Lanham, Md., Leington Books, 2005.

[Table des matières]